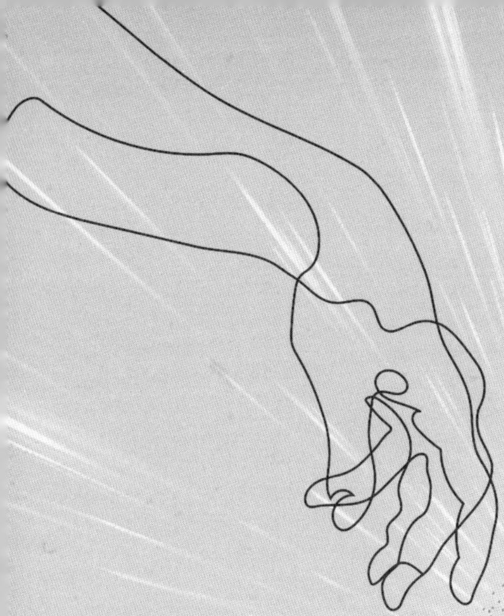

加密法律

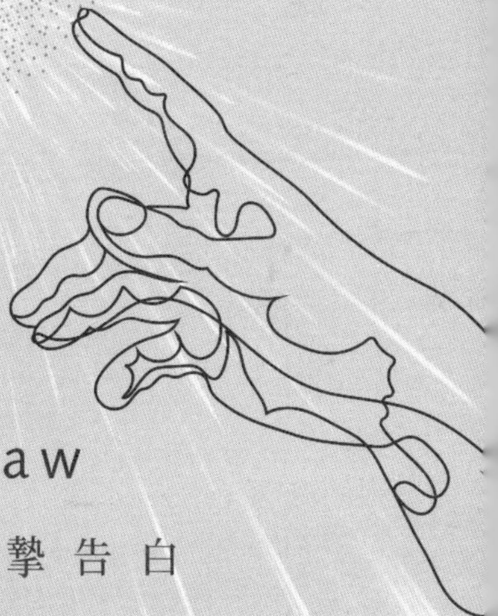

Crypto Law

幣圈律師的真摯告白

林紘宇（果殼）

Confessions From a Cryptocurrency Lawyer

推薦序

沙漠逢甘霖

葛如鈞（寶博士）／第十一屆不分區立法委員

身為新任不分區立法委員，我有幸閱讀了這本深入探討區塊鏈和加密貨幣的專業著作。在台灣，像這樣全面而深入地整理全球性法規與監管策略的書籍確實少見。這不僅是一場知識上的甘霖，更是推動產業發展、社會進步的珍貴資源。

全球擁抱加密貨幣的趨勢如同海水包覆地球，而台灣卻在這個浪潮下持續維持乾旱。雖然近期有效推動了「洗錢防制」加上「自律管理」的措施，但在區塊鏈與加密貨幣產業化、正常化的路途上，勢必需要參考歐、美、日甚至更多地方的先進經驗和策略。本書正提供了這樣的視野和資訊，將全球監管策略的精華匯聚一書，為我們指引方向。

加密貨幣與區塊鏈技術，這兩大當代科技革命，正引領全球金融、商業甚至法律走向新的里程。在這本書中，作者不僅精準剖析了這些技術的法律面向，更全面整理了全球的監管策略，為讀者呈現了一幅完整而精確的法規版圖。

作為中華民國第十一屆公僕代表之一，參與由一百一十三個立委節點組成的立院共識系統，我深知立法的重要性，也正在十分惶恐於如何讓臺灣在區塊鏈產業與加密貨幣立法上，跟上國際思潮，符合我的口號「先進國會，共識未來」。這本書實在太適時地為我提供了一盞明燈，讓我們在未來制定相關法律時，能夠更加精準地把握技術發展脈動，同時兼顧保護投資者、維持市場穩定與鼓勵創新。

我期望透過此書的引導，我們能夠制定出更加在地化、靈活而具前瞻性的監管方式，不僅回應國內外的法規趨勢，更能為台灣的區塊鏈與加密貨幣產業創造更加寬廣的發展空間。

這本書的出版，無疑是產業之福、社會之福，也是我們這些公僕之福。在全球經濟與法規不斷演進之際，「沙漠逢甘霖」不僅滋養了我們的知識田園，也為我們指明了前行的方向。讓我們一同期待，透過這股甘霖的滋潤，我們的法規環境、產業發展乃至社會進步，都能迎來更加豐收的季節。

推薦序

徐珮菱／中信金融管理學院科技金融研究所所長

在當今迅速變化的加密世界中，《加密法律》不僅是一本對加密世界領域的深刻洞察，更是一份對廣大讀者的真誠呼喚。作者果殼律師，作為一名走在虛擬資產最前端的頂尖律師，他的這部作品展現了難得的平衡：一方面，他以律師特有的理性和專業，客觀地分析支撐加密世界的複雜技術；另一方面，他又懷抱著讓世界更接近普惠金融的遠大理想，在書中流露出他的感性思考。

虛擬資產領域有無限發展可能，但也存在許多暗藏的風險。這本書的重要性不僅展現在作者對加密領域一針見血的觀點和深入的審視，更在於他身為一位在跨幣圈與司法界的專業人士對加密世界未來的深刻呼籲。他希望傳遞的，不僅僅是知識本身，而是一個需要我們共同努力去實現的宏偉未來。因此在細讀這本書的過程中，我被深深感動。加密世界既充滿創新又充滿未知，我們需要像果殼律師這樣的專家來引領我們認識虛擬資產的正反兩面，也需要透過他這樣的優秀的先驅者眼光來預見加密世界的無限可能，把握未來時代的新機會。

令人驚訝的是，這本由一位幣圈律師撰寫的書籍，雖涉及不少乍聽之下頗為深奧的技術概念，卻能如此震撼人心。我堅信每位讀者在閱讀完畢後，都能像我一樣深切感受到作者對加密世界的熱切期盼和深沉情感。

果殼律師的視角獨特，他對比特幣價值的追求、對加密世界的深入探索和研究，都是前所未有的。在虛擬資產資訊紛 亂錯雜的今日，對於大眾而言，《加密法律》是一部完整詮釋加密世界的完美鉅作，它不僅是一本書，更是一盞引領我們穿越加密世界迷霧的明燈。

作者序

加密世界

林紘宇（果殼）

我是一名加密貨幣律師，在外人看來很奇怪的職業，一般法律人會覺得這個產業投機，政府更擔心加密貨幣想要顛覆法幣。律師是社會的重要齒輪之一，代表人民、公司，與法院、政府共同（或站在對立面）運轉著各種制度。我的工作，說穿了也是談法律，只是同時圍繞著貨幣、資本與金融。

過去多年的執業，我發現加密貨幣跟法律根本分不開，我就是其中之一的見證、實踐者。在這本書中，你將看到比特幣的貨幣規則、加密貨幣的應用與新型資產的出現，以及當中對於法律、制度的影響。

二〇〇八年比特幣的出現，是對既有貨幣、金融制度的反對票，或說是一個新的保險。隨著時間的推移、信任的累積，比特幣成為人民除了法定貨幣之外的「第二選項」。人們被迫開始思考：現有的貨幣制度是否合理？法定貨幣變成選擇題？以及法律如何回應人民用比特幣的既存事實？

之後以太坊（Ethereum）出現，把程式碼、可編程性帶入區塊鏈網路，變成「智能合約」（Smart Contract），此後人人可以發行自己的加密貨幣（或稱代幣）。同時讓人發現到，原來這樣也可以進行募資，我們稱之為ICO（Initial Coin Offering）。就這樣，一個全自動化、面向全球的全新代幣資本市場誕生了，世人為之瘋狂，無數貪婪、夢想與謊言，在這個時刻一起大爆炸，法律也混合在其中，例如：代幣是否是有價證券？募資行為是否符合法令？是否有詐欺行為？發行穩定幣是否是提供支付業務？

二〇二〇年夏天，去中心化金融（Decentralized Finance, Defi）應運而生，一個將金融活動、商品全然自動化，用去中心化組織、智能合約取代金融機構角色的產物出現，同時也挑戰著金融法規，例如：金融牌照、監管制度在Defi領域無法適用，原因是金融服務的提供者，變成了程式碼（如：Uniswap，一種去中心化自動撮合交易服務），或是掌控Defi的組織，變成一群不停變動、沒有層級單位的不特定人（如：Decentralized Autonomous Organization, DAO，去中心化自治組織）。

直到現在，有越來越多「幣圈」業者，提供各種加密貨幣相關服務，而各國政府對於不同業務，有不同的監管方針（請見附錄），但除了全面禁止的國家外，大部分國家，會要求幣圈業者符合國際的洗錢防制建議指引①，或是內國的反洗錢措施（Anti-Money Laundering, AML）。

---

①需要合規符合反洗錢措施的業者，舉例如下：

1. 代買代賣，讓你可以直接用法幣購買或販售特定市價的加密貨幣。

2. 場外交易商，加密貨幣的現貨自營商，做買低賣高。

3. 交易所，也就是一般人最常使用的，提供大量用戶進行買賣的集中撮合交易，通常也會協助託管你的加密貨幣，例如台灣的 BitoPro、Max 平台。

4. 衍生合約交易平台，不只是交易現貨（加密貨幣），並把加密貨幣視為一個商品標的，提供各種衍生性金融商品，例如：期貨、期權、選擇權合約、保證金交易等，讓用戶可以以各種槓桿來操作加密貨幣的合約交易，就像傳統華爾街。指標業者如幣安（Binance），以及倒閉的 FTX。

5. 託管商，就是保管你的加密貨幣，「理論上」不該使用你的財產。

6. 錢包商，提供加密貨幣錢包服務，錢包分成自託管型（自己保管私鑰，例如 Metamask）及第三方託管型（類似前者託管商）。

7. 其他：發幣項目方、挖礦、基金、投資顧問、NFT 遊戲公會等。

當我們以為，區塊鏈技術就是一個「金融屬性」的新科技時，NFT（非同質化代幣）出現了，一個讓區塊鏈進入到生活各角落的新出口。透過 NFT，現實世界的現存物，都可能附加一個數位標籤，在數位世界裡以另一種姿態呈現，而數位世界裡面的原創物，成為一個「不只是電磁紀錄」的一種數位資產（你買的 NFT 包含什麼權利？涉及民法財產權問題），可能是藝術創作（例如買 NFT 是否也買到著作權？涉及著作權的授權）、可能是域名（若跟別人的域名名稱一樣，涉及域名衝突），也可能是一種承諾（例如 NFT 賦能能否任意改變？涉及民法債務履行問題）。

最後，是負面、也是人類社會的另一面縮影：犯罪。

所有工具都是中性的，但會有壞人或不肖業者拿來利用，包括比特幣、加密貨幣、NFT 都成為犯罪或是洗錢工具之一，我會在第三篇加以分析。

當你把前面所有事物結合在一起，你會發現到，一個跟現實世界平行的虛擬世界正在形成。我不是很喜歡元宇宙（Metaverse）這個已經被別人用爛的詞，同時它也變成某一家公司的名字；我喜歡稱之為「加密世界」，由區塊鏈及其他頂尖技術共同打造的新世界，而且正在改變我們的生活，或許沒有像 **ChatGPT** 這麼直觀好理解，但加密世界是從根本上改變人與人互動的方式，透過網際網路不只傳遞資訊，更傳遞價值，也將改變我們的貨幣、司法、公司制度以及對於財產權的理解。

我的法律工作，有百分之九十與加密世界有關，身為加密律師，我的工作就是中性的看著這一切發生，並且從旁協助解決問題。在區塊鏈及加密貨幣席捲全世界之際，我認為我有一項重大責任，必須寫下這本書——我稱之為「加密法律」（**Crypto Law**），這本書是第一本嘗試把加密世界與法律進行系統化統整，同時分享我在幣圈的所見所聞、各種光怪陸離的現象與事件，讓讀者全盤瞭解加密貨幣、區塊鏈與 **NFT**，並且知道機會及險惡的所在之處。

讓我們正式進入加密世界。

目次

推薦序 沙漠逢甘霖　葛如鈞（寶博士）　001
推薦序　徐珮菱　教授　005
作者序 加密世界　林紘宇（果殼）　007

第一章　加密法律　001
比特幣成為貨幣　003
快如閃電的支付　016
美國的加密戰略　033
中國的一國兩制　043

置外於法律 052

第二章　幣圈真相 063

比特幣是什麼？ 065
我們都該畏懼的「數位法幣」 072
台灣金融法制仍停留在上一世代 080
NFT的六大致命缺陷 090
台灣的戰爭保險：人民的選擇 102

第三章　加密罪惡 109

現代鍊金術 111

區塊鏈的次級品 125
傻瓜才用幣洗錢？ 131
人人都是偵探 137

第四章　發現新資產 145

以太坊危機 147
NFT 的前身：區塊鏈域名 156
錢包、域名、頭像 162
平行宇宙：Handshake 頂級域名 170
可以被停用的 NFT 177

第五章　一個幣圈律師的告白 183
比特幣至上？ 185
討人厭也沒關係 194
成為網路原生專家 199
十一項生存指南：加密貨幣律師的真心話 207
附錄　世界加密貨幣法律監管評比 217
資料來源 261

第一章

加密法律

比特幣成為貨幣

> 中華民國民法第二〇二條規定：
>
> 以外國通用貨幣定給付額者，債務人得按給付時、給付地之市價，以中華民國通用貨幣給付之。但訂明應以**外國通用貨幣**為給付者，不在此限。

比特幣是不是貨幣？這點一直以來是個重大爭議，很多人說，比特幣不具備貨幣的三大特性：交易媒介、價值儲備及計價標準。也有人說，比特幣作為全世界的中立貨幣，不會拒絕任何國家，沒有任何貨幣控制或外匯制裁，並歡迎任何國家加入採用。

世界上大多數政府，包括中華民國（台灣），目前仍不把比特幣視為貨幣。請看中央銀行於二〇一三年沿用至今的聲明[①]：

---

① 比特幣並非貨幣，接受者務請注意風險承擔問題，https://www.cbc.gov.tw/tw/cp-432-43531-78F12-1.html

比特幣不是貨幣——

一、不具備典型貨幣三大特性：比特幣非為社會大眾普遍接受之交易媒介，且其價值不穩定，難以具有記帳單位及價值儲存之功能，不具真正通貨（real currency）特性。

二、非國家發行、商家不見得會接受：比特幣非由任何國家貨幣當局所發行，不具法償效力，亦無發行準備及兌償保證，持有者須承擔可能無法兌償或流通之風險。

三、國家的法定貨幣不包含比特幣：依據中央銀行法規定，央行發行之貨幣為國幣，對於國內之一切支付，方具有法償效力。

但世界上有另一群人，並不這樣想。

二〇二一年六月五日，薩爾瓦多總統布格磊（Nayib Bukele）宣布，將比特幣作為法定貨幣之一。二〇二一年六月八日，薩國國民議會投票通過《比特幣法》（*Ley Bitcoin*），聲明：「為了創造就業機會、促進真正的金融紅利並活化經濟，議會的代表們特此批准《比特幣法》。」二〇二一年九月七日，比特幣與美元並列成為薩爾瓦多的法定貨幣，成為全球首例。

二〇二二年五月，中非共和國總統辦公室正式宣布，將比特幣列為法定貨幣之一，並與中非法郎（**CFA franc**）並列，並將加密貨幣使用合法化，成為繼薩爾瓦多之後，世界上第二個以比特幣為法定貨幣的國家。

中非總統府公文說道：

「國民議會已確立比特幣成為中非共和國的官方貨幣的法案……同時我們也是全世界第一個同步通過加密貨幣管理法案的國家。國家元首將支持，且盡一切的努力，使我們中非共和國成為最勇敢而有遠見的國家……。」

為什麼兩派人馬思維差距如此之大，要先從比特幣的幾個特性說起：

1 比特幣不同於「其他加密貨幣」

比特幣是唯一鎖定「全球貨幣」階層的加密貨幣，而且沒有發行人（中本聰作為比特幣的創造者，已經於二〇一一年四月二十六日消失至今），目前價值儲存的功能已經被世人、華爾街認可，這是其他加密貨幣目前做不到的。

比特幣無法與其他加密貨幣混為一談。

2 比特幣的底層價值

常有人批評：比特幣沒有底層價值，只有浮浮的價格共識。

比特幣跟貨幣一樣，需要形成共識，法定貨幣共識的形成背後，是法令的強制力，以及政府的擔保。相對而言，比特幣底層價值在於：透過區塊鏈技術創造另一種選項，一種更加公平的貨幣政策，不依賴任何單一機構或特定人的承諾，根據比特幣白皮書的產量機制，比特幣從過去到未來，無論多久必須遵照以下兩個固定規則：

- 比特幣約每十分鐘產塊一次，而每產生一個新區塊，就會鑄造新的比特幣。
- 比特幣每產出二十一萬個區塊，就會調整一次貨幣獎勵數量，二千一百萬枚作為比特幣供給上限，沒有任何人、任何政府可以改變，這也是比特幣威力強大之處。

作為對比，根據美國聯邦儲備局（Federal Reserve System, Fed，簡稱美聯儲）數據顯示，二〇一九年八月，流通中的美元貨幣總量為十四．九萬億美元。到二〇二二年一月，有二一．六萬億美元。換句話說，二〇二二年一月流通的美元，**有百分之三十以上是在三十個月內創造的**。

在三十個月內印出六．七二萬億美元的流動性，你認為會發生什麼？

第二個更重要的底層價值，是抗審查性（Censorship Resistance），一個讓政府無法關閉的能力，這個能力是來自於比特幣網路的組成，由三種角色形成：錢包、節點、礦工。

錢包：負責轉帳，把交易發送給礦工。

節點：負責檢驗，儲存區塊鏈所有的區塊內容。

礦工：負責記帳（挖礦），把許多新的交易打包成一個區塊，透過消耗電力驗證交易，若成功驗證並被加入到區塊鏈裡，可獲得一筆比特幣獎勵。

任何人都可以在自己的手機、電腦上運作錢包、節點，任何人都可能為礦工，變成比特幣網路的一份子，換言之，你在世界任何角落都可以加入。

各國政府也發現到，不論用什麼手段，皆無法禁止人民使用比特幣，也無法關閉比特幣網路，因為你無法關閉所

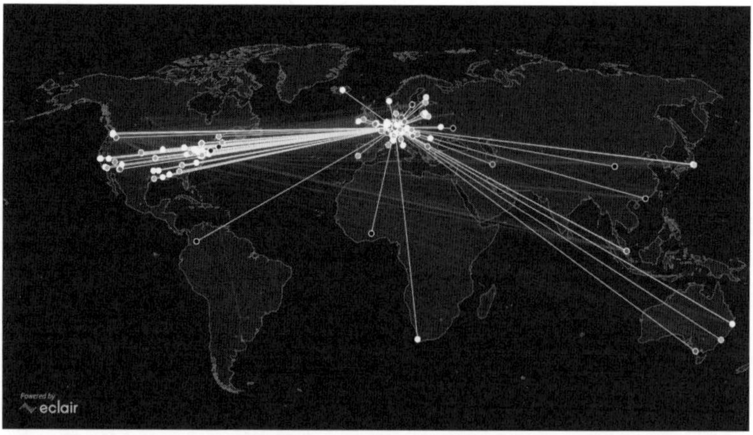

圖 1：比特幣閃電網路節點分布於全世界任何角落[1]。

有節點。中國政府花了超過十年的時間打壓比特幣挖礦，甚至把持有、交易比特幣行為列為非法，卻仍然無法阻止比特幣（據統計②，中國加密貨幣持有人數超過一千九百八十萬人，為全世界第三名，僅次於印度一・五億、越南二千五百萬人）。

比特幣並沒有奪走國家對法定貨幣的控制權，而是微妙地讓法定貨幣不再需要「國家發行」。

薩爾瓦多想要幹什麼？

很多人覺得薩爾瓦多這個實驗是異想天開、不可能，但是卻忽略，這不是單押行為，而是把比特幣列為「並行」的法定貨幣，與美元並列。

也就是說，不想用比幣特的，可以繼續使用美元，對原來的生活方式並沒有影響。

② 全球加密貨幣使用人數統計：https://triple-a.io/crypto-ownership-data/

但採用比特幣有幾個明顯的好處：

1 薩爾瓦多沒有自己的主權貨幣，過去都是使用美元，跟許多中南美洲等弱勢主權貨幣的國家一樣，國家的財政政策受制於美國的貨幣政策。當美聯儲可以在西元二〇一九～二〇二一短短三年之內，就印出過去二百年來合計百分之四十的錢，對薩國來說，貨幣儲備被稀釋、資產被掠奪，並且還要忍受美國印鈔後帶來的通貨膨脹。此時有另一個選項，一個中立、固定的貨幣政策，也許是大膽，但確實值得的嘗試。

2 國際匯款（remittance）占了薩爾瓦多幾乎四分之一的 GDP，因為有大量海外工作人口，會將工作所得匯回，而每年從國外匯回的金額在二〇二〇年達到六十億美元，薩國約有百分之七十的人口依賴海外親友的匯款，占了其生活收入的一半。

在國外工作的薩爾瓦多人把賺的錢匯回國內給家人，原來只能用 Western Union 和 MoneyGram 一類的服務，但要支付高昂的手續費③，還要承擔當地家人長途跋涉去服務據點取錢，冒著回家沿途被洗劫的風險。使用比特幣，最直接的好處是：省去每年約四億美元的手續費，這也相當於增加了當地的收入。

短期來看，薩爾瓦多希望利用比特幣策略改變現狀，包括國家財政、跨境匯款受制於人、金融基礎建設不足，無法吸引外人投資。長遠來看，則希望下一個賭注，成為比特幣採用的成功先驅，並引發他國模仿，隨著比特幣的成長帶來更大優勢。

反對論者

薩爾瓦多的《比特幣法》上路滿月後，總統布格磊宣稱，當地擁有加密貨幣錢包的民眾，已經超越擁有傳統銀行帳戶的人數。

然而，美國國家經濟研究局（NBER）最近發布的調查報告指出：比特幣

③ 一般而言，小於百分之十二・五，會跟隨金額的多寡而浮動。

在日常交易中的使用率很低，以擁有銀行帳戶、受過教育、年輕人和男性群體居多。

報告中表示，雖然薩爾瓦多正式賦予比特幣與美元同等的合法地位，但實際使用比特幣的民眾並不多，在下載了官方推出的加密貨幣錢包 Chivo 後，僅百分之二十的受訪者繼續使用；百分之十一的受訪者則表示有較以往少刷信用卡。

報告還指出，目前只有百分之二十的商家、企業接受比特幣作為支付方式。去年有媒體實地走訪薩爾瓦多發現，除了麥當勞、星巴克等大型連鎖店，只有少數商家接受比特幣支付。

持平而論，百分之二十的商家採用率（接受比特幣支付）高低與否見仁見智，台灣行動支付的採用率，花了近二十年、國家政策大力支持，才有約百分之六十八的採用率。

國際貨幣基金組織（IMF）也持續反對任何國家採用比特幣，包括 IMF 執行委員會公開呼籲薩爾瓦多停止將比特幣列為法定貨幣，並縮減《比特幣法》的範疇，稱該貨幣具有「巨大風險」。

然而，有其他國家並未聽進這些警告。

中非共和國的位置決定了它過去歷史的命運。你可能不知道，中非人口有五百三十五萬人，過去一直是殖民帝國為販售黑奴必經的交通要道，直到近代獨立建國，中央跟地方間戰亂不斷，至今仍是全世界最落後貧窮的地區。

全球一百八十九個國家人類發展指數（HDI）排行中，中非共和國名列一百八十八位，GDP 也是長年吊車尾，二〇二一年中非共和國的 GDP 排名一百八十七名，世界銀行估計，中非有百分之七十五生活在赤貧之中，其公民平均財富每年只有六百五十九美元。

中非可以說是絕對的魯蛇國家，在此悲慘的歷史背景下，中非選擇採用比特幣，並且與自身發行的貨幣並列，跟薩爾瓦多不同。

比特幣國家採用的突破點出現了，比特幣的國際賽局已然形成，法定貨幣必須由國家發行的概念已經被打破。

小國家可以選擇比特幣作為美元避險，人民可以選擇比特幣作為第二選項。

比特幣國家賽道

其實，國家直接將比特幣列為法定貨幣，是一個最激烈、強迫所有人民使用比特幣的方式，不一定適合每個國家，也不一定對該國經濟有直接正面效應。因此，我們看到目前率先採用比特幣為法幣的國家，都是小國，而且極度貧窮，或是國家貨幣政策出現重大缺陷，才敢冒著被各國制裁的風險，用上這張牌。

美國、英國、日本及新加坡不太可能直接將比特幣列為法幣，因為比特幣將直接競爭自家貨幣，並對整體經濟活動影響過大。而其他經濟高度發展、金融服務滲透率高的國家，也不適合如此，需要思考其他方式。

但無論如何，比特幣已經正式成為「外國通用貨幣」的一種，依照中華民國民法第二〇二條規定，若雙方約定以比特幣支付者，則成為：外國通用貨幣的債務，拘束雙方，甚至也拘束未來的法院強制執行。

這一天，比我們想像的更早到來。

快如閃電的支付

日本資金結算法第二條第五項規定，暗號資產（加密貨幣）定義：

⑴可用於支付給不特定人群，可兌換法定貨幣（日元、美元等）。

⑵電子紀錄和可轉讓的。

⑶非法定貨幣或以法定貨幣計價的資產。

比特幣有三種價值，第一是價值儲存，比特幣是一種具備數位稀缺性的黃金，簡稱數位黃金。第二，就是前文提到的，國際通用貨幣，但目前只有少數國家採用。第三，支付價值，這也是比特幣被大多數人所忽視的。

實際上，根據中本聰所發表〈比特幣：一種點對點電子貨幣系統〉白皮書的想法，特別強調比特幣的支付功能，並指出，比特幣是一種去信任、去第三方的電子支付系統。

比特幣白皮書[2]提到：

「我們需要的是一個基於密碼學原理而不是信任的電子支付系統，該系統允許任何有交易意願的雙方能直接交易而不需要一個可信任第三方。交易在計算上的不可撤銷將保護賣家不被欺詐，用來保護買家的程序化合約機制也應該較容易實現。」

過去五年來，因為比特幣使用量越來越大，比特幣交易變得又慢（約每秒處理七筆交易）又貴（二〇二二年平均鏈上交易手續費為一．五三美元[3]），看似不適合作為日常小額支付，白皮書的支付願景，似乎開始遠離。

比特幣的 Layer 2 擴容方案「閃電網路」，正在改變這個問題，因為有了閃電網路，可支持每秒上萬筆交易，又快又便宜的比特幣支付成為可能，並大規模實現中。

什麼是閃電網路？

閃電網絡（Lightning Network, LN）是工作在區塊鏈上（主要面向比特幣）的第二層支付協議，LN 的主要思路是將大量交易放到比特幣區塊鏈之外（不上鏈）——交易通道（Payment Channel）進行[4]。

想像一個場景，假設果殼（Shell）要支付 Swag 影音平台影音費，Swag 按秒計費 0.00001 BTC，如果都要用比特幣網路支付，光手續費就太貴了，假如今天 Shell、Swag 共同創造一個錢包，Shell 並將 0.1 BTC 放入作為充值交易（Funding Transaction，上鏈）[5]。

充值交易被打包到區塊鏈之後，該通道就開啟了，影音也就開始播放。在第一秒鐘，由 Shell 創建並雙方簽名的一筆承諾交易（Commitment Transaction，不上鏈），改變了通道內的餘額：現在 Swag 拿到 0.00001 BTC，Shell 還剩 0.0999 BTC。

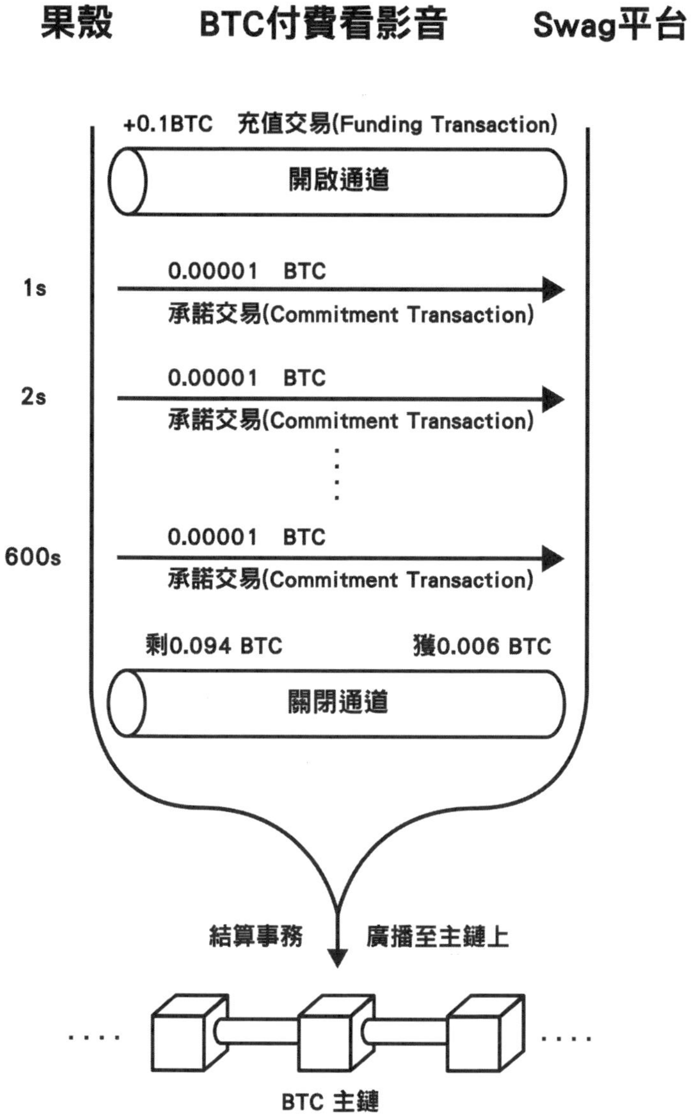

果殼
BTC付費看影音
Swag平台
+0.1BTC 充值交易(Funding Transaction)
開啟通道
1s
0.00001 BTC
承諾交易(Commitment Transaction)
2s
0.00001 BTC
承諾交易(Commitment Transaction)
600s
0.00001 BTC
承諾交易(Commitment Transaction)
剩0.094 BTC
獲0.006 BTC
關閉通道
結算事務
廣播至主鏈上
BTC 主鏈

第二秒，Shell 又創建一筆新的承諾交易，這一次，紀錄上是給了 Swag 0.00002 BTC，支付兩秒的影音服務，通道裡更新後，Shell 剩下 0.0998 BTC。

假設 Shell 看了十分鐘的影音，這段時間裡，Shell 總計簽名並發送了六百筆承諾交易（六百秒服務費），通道裡最後的一筆會有兩個輸出紀錄：0.094 BTC 給 Shell，和 0.006 BTC 給 Swag。Shell 關閉了通道，把最後一筆承諾交易廣播到了比特幣網路，作為結算事務（Transaction Settlement，上鏈）。

實際上有六百筆交易，交易通道只有頭尾兩筆交易記錄到區塊鏈上，節省了大量上鏈的費用，以及加快交易速度。

但只有一個通道還不夠，當有越來越多人，各儲存 5 BTC 組成不同的交易通道（每個通道可處理 10 BTC 交易量體），並且交織在一起，**「共同組成一個網路——閃電網路」，真正的力量就被釋放**。

用比特幣（代墊款）來支付全世界

試舉一例，如果今天A、B、C、D各自投入2顆比特幣，建立三個交易通道：A-B通道、B-C通道、C-D通道（注意A、D之間沒有通道）。如果A要支付2顆比特幣給D，怎麼辦？

這時要介紹閃電網路的密碼學設計：

1 鎖頭（Hash Time-Locked Contract, HTLCs）：只有特定的鑰匙可以打開鎖頭，打開鎖頭後，通道節點才會付錢（比特幣）。

2 鑰匙：收受比特幣一方同時產生鑰匙，並成為解開鎖頭的唯一路徑。

3 概念：先墊款，再收錢。

A要支付2顆比特幣給D，實際路徑長這樣：

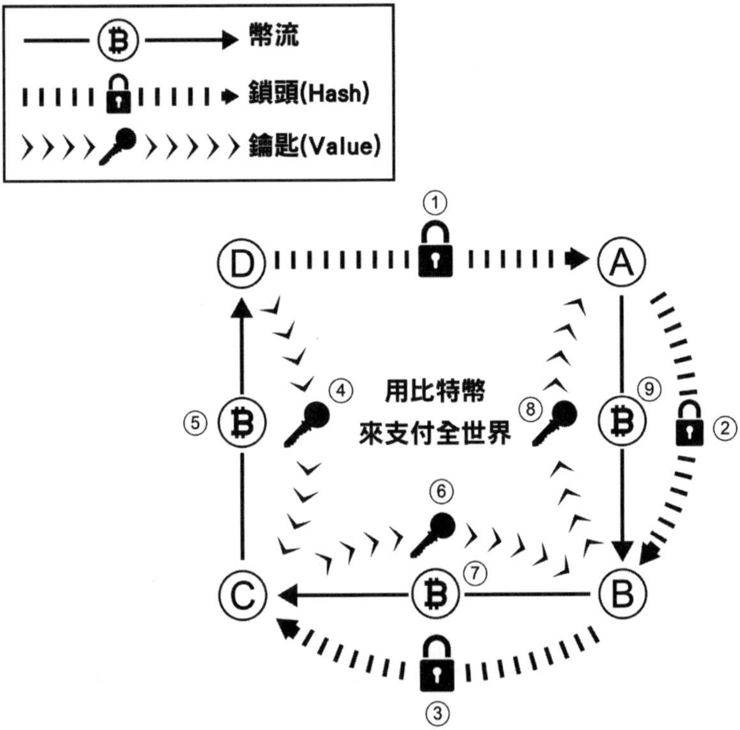
幣流
鎖頭(Hash)
鑰匙(Value)
D
A
B
C
①
②
③
④
⑤
⑥
⑦
⑧
⑨
用比特幣
來支付全世界

1 A、D發現彼此之間，沒有閃電網路通道，A無法直接付款給D，因此需要透過閃電網路演算法，找其他通道節點幫忙。

2 為了找其他通道協助，D生成鎖頭，鎖頭給A，A再生成新鎖頭給B，B再生成新鎖頭給C，這時A、B、C分別都有一個鎖頭。

3 為了讓D拿到款項，D生成鑰匙給C，解開了C手中的鎖頭，這時付款發生，C先墊付2顆比特幣給D。對於C而言，C若承接了任務，C可以獲得金流處理費的權利，因此C有意願承接墊款責任。

4 C手上有鑰匙，C找上B交出鑰匙，解開了B手中的鎖頭，這時付款再發生，B墊付2顆比特幣給C。同理，對於B而言，B承擔墊款責任，以獲得金流處理費的權利。

5 最後B手上有鑰匙，B找上A交出鑰匙，解開了A手中的鎖頭，付款發生，A總算將2顆比特幣款項支付給B。

透過代墊比特幣的方式，閃電網路可以幫助全世界任何一個角落的人，都能找到對應的通道完成支付任務。

那麼在區塊紀錄上，A剩餘3顆比特幣，B、C持有顆數不變，D多了2顆比特幣。如果不結算，那麼這些通道可繼續處理其他交易，直到結算。

為了避免任何參與閃電網路的人作弊，閃電網路透過智能合約可自動執行以下措施：

1 多簽名地址

交易通道是一個2–2多簽地址，需要雙方簽名才能取回資金，如果B在第二秒突然消失，A仍然可以從第一秒發生的承諾交易（B有簽名）取回資金，因此不怕B突然跑路。

2 時間鎖

設定退款條件，如三十天內若沒有使用到則退款，就像是法律上「附條件的承諾」，縱某一方不在線，另一方也可等待最後一筆承諾的時間鎖解鎖，然後把該筆承諾事務廣播到比特幣網路中。

3 上訴制

避免任一方廣播「舊交易」至比特幣主網（作弊行為之一），閃電網路設計了一個類似法院的上訴制：

當雙方都同意，將最後一筆承諾交易廣播到了比特幣網路，作為結算事務，就像是判決「確定」——上鏈記錄於比特幣主網，任何人都無法竄改。

但如果即將上鏈的承諾交易，是否正確，或是是否有一方作弊，是有疑義的（即交易通道有一方不同意上鏈），則會透過前述時間鎖，設定一個「上訴期間」，讓這筆承諾交易暫時不結算（無上鏈）。這個期間內，爭執的一方可以用閃電網路的特殊機制：「撤銷密鑰」（revocation key），撤銷該筆承諾交易。

同時跟離婚一樣，撤銷成功的一方，可以把通道內的剩餘比特幣資金都取走，懲罰作弊的一方。

如此一來，讓閃電網路可以安全進行、交易通道可以永續運作下去，沒有人敢作弊。

閃電網路進入大規模使用

對於比特幣支付，中華民國中央銀行專題報告④說了一句很直接的評論：

「或許有人會說比特幣也有用於支付，但就比特幣應用場景統計，全球近百分之九十交易量是作為交易平台的投機或投資工具，支付商家僅約百分之一，規模相對小很多，不成比例。

比特幣等虛擬通貨試圖挑戰並改變貨幣型態，但發展未如預期……已被界定為風險性的虛擬資產或商品，而非貨幣。」

然而，因為二〇二一年薩爾瓦多採用比特幣為法幣之一，刺激閃電網路得到了大幅進步：

截至二〇二二年底，閃電網路共有一．七萬個節點，近八萬個交易通道，以及鎖定了近五千枚比特幣。去年已有超過八千萬名用戶使用過閃電網路支付（Lightning Network Payment）功能，同比二〇二一年的十萬名用戶提升超過八百倍，隨著各大機構的採用，例如Twitter、Cash App、Paypal，閃電網路開始進入大規模使用階段。

未來的小額支付、跨境匯款，我們可以選擇的不只是金融機構服務，或是穩定幣，比特幣閃電網路也是另一個好選擇。

法律上管不管？

比特幣的貨幣屬性，就讓大家傷透腦筋，然而比特幣本身又具有支付屬性，跟穩定幣類似，讓加密貨幣支付的法律問題更為複雜。

④〈中央銀行數位貨幣（CBDC）整備狀況、以及如何因應加密貨幣跨入金融市場〉專題報告，中央銀行二〇二一年十一月一日，立法院第十屆第四會期財政委員會第八次全體委員會議。

監管方式

法律上，用比特幣或穩定幣進行支付服務，這種業務會分成兩種層次：

第一，政府是否監管提供加密貨幣移轉的行為？若是，則提供比特幣、穩定幣移轉的業務，將落入到「加密貨幣業務」的監管範疇（詳細可見附錄）。

第二，是否落入「支付業務」的一環？不論是既有的金融支付法規，或是新頒布的「加密貨幣專法」（例如日本的《資金結算法》），那麼加密貨幣只是提供支付方式的一種，本質上仍是提供支付的服務，而依照支付監管法規來規範。

單單發行穩定幣（儲備法幣並擔保一比一兌換的加密貨幣），各國政府的重大監管方針就有相當大的差異（見下表）。

國家	穩定幣定位	態度	法令及監管方向
中國	違禁品	虛擬貨幣不應且不能作為貨幣在市場上流通使用	• 全面禁止 • 虛擬貨幣相關業務活動屬於非法金融活動，一律嚴格禁止，依法取締 • 對於開展相關非法金融活動構成犯罪的，依法追究刑事責任
台灣	虛擬商品	以一般加密貨幣業者進行監管	• 現行法僅要求數位資產發行方之洗錢防制義務 • 央行建議納入金融或類似監管框架 • 金管會發布「管理虛擬資產平台及交易業務事業（VASP）指導原則」，禁止業者發行穩定幣 • 虛擬資產管理條例草案已通過一讀
韓國	未定論	央行希望將納入嚴格監管框架	• **認為穩定幣需要比其他數位資產實施更嚴格的監管**，例如與外幣掛鉤的穩定幣須遵守外匯法；此外還建議要求穩定幣發行人的資本和儲備資產的最低門檻 • 監管草案尚未提出

日本	支付工具	•納入支付監管框架 •二〇二二年六月三日頒布《資金結算法》，並於二〇二三年生效	•監管法幣儲備行穩定幣（如日圓、美元） •要求等值儲備資產，得作為匯款及結算方式 •穩定幣的發行人將僅限於銀行、資金轉移公司（OTC 業者）和信託公司（如：三菱日聯） •要求內稽內控／資安／交易監控
美國	支付工具	•納入各州的監管框架 •聯邦政府正在研擬草案框架	•紐約州政府穩定幣監管框架⑤ •發行人資格之要求 •儲備金資產與公司持有資產分開 •儲備資產完全擔保 •每月公開儲備資產

稅

再來是稅的問題，因為在台灣，穩定幣被認為是一種虛擬商品（勞務）而非支付工具，依照加值型及非加值型營業稅法（以下簡稱「營業稅法」）第一條規定：「在中華民國境內銷售貨物或勞務，均應依法課徵營業稅。」因此公司銷售幣（例如賣 USDT 換成新台幣）必須課徵營業稅（百分之五）。

那麼，若以個人名義賣幣，是否要繳稅呢？台灣有一個特殊稅務規定：「網路交易課徵營業稅」，若**個人賣家**以營利為目的，採進、銷貨方式經營，且每月銷售金額超過新台幣八萬元，那麼也要繳營業稅。

在穩定幣或比特幣成為一種「法律上的支付工具」之前，除了全面禁止的國家外，在世界各地稅務問題是如影隨形，如果你因為買賣幣種賺到錢，前面還沒有提到，不論是個人、公司年度所得稅也跑不掉。

逃稅？很多人不知道的是，各國現在落實最快速的監管，是加密貨幣的洗錢防制及打擊資恐（Anti-Money Laundering/Countering the Financing of Terrorism, AML/CFT），包括全面的 KYC（Know Your Customer，亦即「認

⑤ 紐約州金融服務廳（Department of Financial Service）為美國第一家針對美元擔保穩定幣發布要求準則（Virtual Currency Guidance），來源：https://www.dfs.ny.gov/industry_guidance/industry_letters/il20220608_issuance_stablecoins。

識你的客戶」）、交易監控、申報、紀錄留存等。產業不能說的秘密之一，當反洗錢做得越成功，國稅局就越有錢。

在機構配合追查的結果下，現在要追稅也是快如閃電。你說沒被人追過稅？那很可能是因為你欠的稅不夠多，追稅成本算下來不划算！

美國的加密戰略

"Everything other than Bitcoin can be considered a security."

「除了比特幣，任何代幣在我看來都是有價證券。」

——詹斯勒（Gary Gensler），美國聯邦證券交易委員會（SEC）主席

目前加密貨幣的監管世界形成兩大陣營：第一陣營，即是以打壓比特幣以及其他加密貨幣，推動中央控管的數位法幣，以中國為首。

另一大陣營即是美國，美國支持以「美元」法幣作為錨定的穩定幣（不含演算法穩定幣），並將支付及商用領域開放，對於特定加密貨幣業務，則加以監管。

美國二元監管體系

實際上，美國的加密貨幣監管極為複雜，由於美國聯邦政府與州政府規範權限不同，又近年美國各州亦積極針對加密貨幣進行監管，並訂定相關規範，尤其是紐約州最為完整，以下分別介紹：

（一）聯邦政府層級

美國聯邦金融監管機關，會就加密貨幣定性，本於各自的監管職責進行監管，並可能涉及以下六個監管機關：

	聯邦監管機構	主管範圍	主要規範
1.	美國聯邦證券交易委員會（SEC）	證券[6]	數位資產之投資契約分析框架（Framework for "Investment Contract" Analysis of Digital Assets）
2.	美國商品期貨交易委員會（CFTC）	金融商品	一九三六年美國商品交易法（Commodity Exchange Act, CEA）
3.	美國金融犯罪監執法局（FinCEN）	涉及虛擬貨幣之洗錢防制及犯罪	一九七〇年銀行保密法（Bank Secrecy Act, BSA）
4.	美國財政部海外資產控制辦公室（OFAC）	恐怖份子、暴政官員、國際毒販持有貨幣成為海外資產之制裁	一九七〇年國際緊急經濟權力法（International Emergency Economic Powers Act, IEEPA）
5.	美國通貨監理辦公室（Office of the Comptroller of the Currency, OCC）	美國商業銀行持有存款作為穩定幣儲備[7]	穩定幣指導方針（Interpretive Letter #1174, January 4, 2021,- Crypto 1 INVN Stablecoin Letter）

6.	美國國稅局（Internal Revenue Service, IRS）	虛擬貨幣的稅務申報及課徵[8]	美國國稅局通過離岸帳戶自願揭露計畫（Offshore Voluntary Disclosure, OVDP[5]），若納稅人擁有未公開之離岸賬戶或未繳納稅款之海外資產（包含虛擬貨幣），按照法規納稅人不僅涉嫌逃稅，還可能承擔刑事責任。

代幣發行歸誰管

美國聯邦證券交易委員會（SEC）認為，首次代幣發行（Initial Coin offering, ICO）是否該當聯邦證券法之證券發行行為，應以具體個案判斷之[9]。SEC並以美國聯邦最高法院「SEC v. W. J. Howey Co.」一案所揭示之「Howey test」原則作為檢驗標準，若ICO行為通過Howey test之原則，則會被認定符合投資契約交易，便應受到聯邦證券法監管：

1. 投資係以金錢為標的（The Investment of Money）；
2. 是針對共同事業的金錢投資（Common Enterprise）；
3. 對於該投資有獲利的期望，且獲利來源為發起人或第三方之經營成果（Reasonable Expectation of Profits Derived from Efforts of Others）。

二〇一八年九月十一日，美國紐約東區地方法院做出具有里程碑意義的裁定：「U.S v. Zaslavskiy」一案，被告 Zaslavskiy 因 ICO 詐欺行為遭 SEC 起訴，被告抗辯其他發行者的是貨幣，而貨幣不受聯邦證券法所管轄，針對被告抗辯，法院裁定認為，被告公司有進行 ICO，而 ICO 原則上若屬於投資契約（證券），則應受到 SEC 監管，因此認為該案陪審團得以 Howey test 對該項目進行測試，法院最後也確實將該案 ICO 是否構成證券的事實決定權，交由陪審團認定。

這項判決意義在於，它實質上擴大了 SEC 對於加密貨幣項目個案的潛在監理權限，尤其是 ICO 行為，同樣可能受到美國證券法的適用及監管[10]，但要注意，真正有最終認定事實權限的，是陪審團，不是 SEC。

穩定幣合規化

特別的是，美國聯邦政府已將特定的美元穩定幣（如 USDC）納入金融支付／清算體系的一環，首先，只要是受監管的金融機構，就可以成為「獨立驗證節點」（Independent Node Verification Networks, INVNs），以及使用穩定幣。

美國貨幣監管署（OCC）解釋道：國家銀行或是聯邦儲蓄協會可成為INVNs，以驗證、儲存、記錄付款交易，銀行可以使用 INVNs 和相關的穩定幣來進行「被允許」的支付行為。

對於穩定幣的監管，美國的總統金融市場工作組於二〇二一年十一月的報告中也闡述了未來應持續進行風險控管的三大面向：銀行擠兌風險、結算風險和系統風險，並要求相關單位提出具體解決方案。

因此在美國，縱使沒有數位美元，美元與美元穩定幣的界線逐漸模糊，許多金融機構可以使用穩定幣來購買金融商品，從而加快跨境清算、結算的速度；選擇支持穩定幣的路線，除了加強了美元在加密貨幣國際支付的地位⑥，也避免了前述數位法幣消滅現金的種種疑慮。

（二）州政府層級（以紐約州法為例）

考量到美國紐約州政府對於虛擬貨幣擁有最早及最完整的虛擬貨幣監管規範，自二〇一五年六月起，紐約州政府金融服務局（New York State Department of Financial Services, DFS，下稱紐約金融服務局）根據紐約金融服務法（New York Codes, Rules and Regulations Title 23 Financial Services, 23 NYCRR）的授權，制定出虛擬貨幣規則（下稱 BitLicense 規則⑦，紐約金融服務法下的 Chapter I「Regulations of the Superintendent of Financial Service」Part 200「Virtual Currencies」）。

---

⑥ 目前市場，兩家領先的穩定幣發行公司是 Tether（USDT）和 Circle（USDC），兩種均為錨定美元的穩定幣，其市值分別在加密貨幣市值排名位於第三和第四。

⑦ N.Y. Comp. Codes R. & Regs. Tit. 23 § 200.

紐約金融服務局根據 BitLicense 規則，授予業者經營虛擬貨幣業務之許可牌照，將虛擬貨幣業務正式納入紐約金融法規監管，而 USDT 的發行商 Tether，因為始終無法獲得紐約州牌照，並且達成認罪協商，因此 Tether 並未在美國紐約州合規，無法直接向紐約州市民提供服務。

美國聯邦法與紐約州加密貨幣監管比較表

	業務監管模式				洗錢防制	資安要求	投資人保護
	ICO	支付	託管	穩定幣			
聯邦法	美國聯邦法並無就虛擬貨幣特定業務設有監管專法，分別依虛擬貨幣之定性（證券、金融商品、貨幣、支付工具）適用聯邦監管機構之規範 個案認定是否落入聯邦監管管機構之適用範圍				美國金融犯罪執法局（FinCEN）一九七〇年銀行保密法（BSA）	無專法	無專法

紐約州法	紐約金融服務法（New York Codes, Rules and Regulations Title 23 Financial Services, 23 NYCRR）的授權，制定虛擬貨幣規則（BitLicense）	許可制	有，依據BitLicense規定	有，應建立和維護有效的網路安全程序，以確保被許可人的電子系統的可用性和功能	有	用戶資產分離要求 消費者保護基金設置要求

美國的加密戰略，也有模糊不清的地帶，我們看到SEC正在想辦法擴張其影響力，從個案中把更多加密貨幣項目認定為證券（Security），並依業者未依法進行證券申報進行裁罰。同時美國白宮發布二〇二三總統經濟報告[11]，也開始反思過去幾年加密貨幣帶來的幾個風險，思考監理及管控的必要性。

另一方面，美國的穩定幣戰略，也確實讓美元穩定幣成為合規上路的產品（但美國白宮也批評，同時帶來穩定幣擠兌法幣導致銀行倒閉的額外風險）。美國各州也努力將加密貨幣業務合規化、法制化，這些努力，同時也正在幫助美國持續在區塊鏈、Web3.0、數位資產走在最前沿，法制化的程度或許不是最快，但估計不會落後太多。

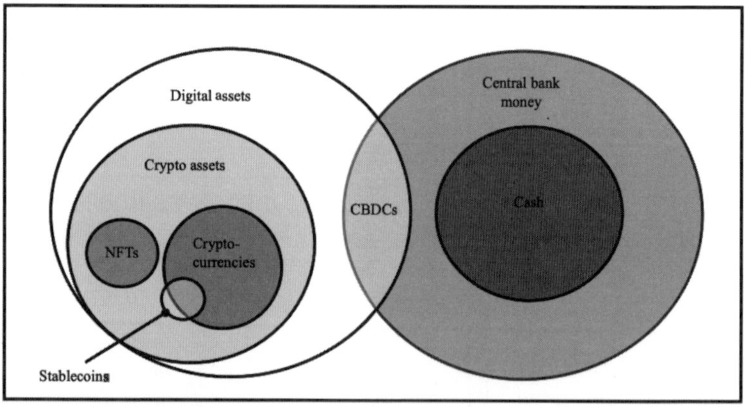

Sources: CEA analysis; Hoffman (2022).
Note: NFTs = nonfungible tokens. Not drawn to scale. Cash represents currency as well as reserves. Regardless of the label used, a crypto asset may be, among other things, a security, a commodity, a derivative, or other financial product, depending on the facts and circumstances.

圖 2：數位資產 v.s. 央銀行發行法幣：不同分類及其關連 [12]

中國的一國兩制

中國政府不喜歡比特幣已是眾所周知，這十年來，中國政府拚了命想禁止人民使用加密貨幣，過程非常精采。

二〇一三年：探索期

中國人民銀行聯合發布《關於防範比特幣風險的通知》，明確比特幣的屬性是虛擬商品而並非貨幣，各金融機構和支付機構不得開展與比特幣相關的業務，但允許個人自由交易。

中國人民銀行研究報告指出，比特幣的使用存在幾個風險，其中報告提到了政策風險，認為比特幣的去中心化特性，可能對傳統貨幣體系產生威脅，影響政府的宏觀調控能力並減少財政收入⑧，也是第一次中國政府正視比特幣的潛在威脅（威力）。

二〇一七年九月：禁止ICO⑨

中國政府明定ICO為「未經批准非法公開融資的行為」，任何組織或個人不得從事代幣發行融資活動，各類代幣發行融資活動應立刻停止。已完成代幣發行融資的組織，應清算和退還用戶之前投資的虛擬貨幣。

二〇二〇年五月：禁止境內挖礦

中國曾被譽為「比特幣挖礦重鎮」，根據劍橋大學比特幣能源消耗指數（BECI）估計，過去中國占全球挖礦產能約百分之六十七，但中國政府在二〇二〇年對比特幣挖礦下達禁令，內蒙古、新疆、雲南、四川等「挖礦聖地」陸續頒布排斥挖礦的政策，中國各地礦場逐步關停，許多礦工出走海外遠赴太平洋彼岸，或是逃到哈薩克、中亞地區，來自中國的算力占比逐月下降，甚至蕩然無存。

二〇二一年九月：全面封殺

中國人民銀行發布《關於進一步防範和處置虛擬貨幣交易炒作風險的通知》，指出虛擬貨幣不具有與法定貨幣等同的法律地位，虛擬貨幣相關業務活動屬於非法金融活動。這份禁令，讓世界各地的加密貨幣集團紛紛撤出中國，

---

⑧ 政策風險：比特幣的去中心化特性，可能會對傳統貨幣體系產生威脅，影響政府的宏觀調控能力並減少財政收入。
法律風險：目前比特幣僅僅作為虛擬商品而不是貨幣受到各國的法律保護。
投機風險：比特幣沒有國家信用或實物資產作保障，並且價格可能出現大幅波動，對投資者來說風險極大。
洗錢風險：比特幣具有匿名性和不受地域限制的特點，資金流向難以監測，將非常容易規避政府的監管。
替代風險：比特幣還存在信用保證缺失、安全效能較差和易導致通縮等缺陷，同時還得面對各種後起的山寨幣的競爭，存在較大的替代風險。

⑨ 中國人民銀行、中央網信辦、工業和資訊化部、工商總局、銀監會、證監會、保監會關於防範代幣發行融資風險的公告（http://www.pbc.gov.cn/goutongjiaoliu/113456/113469/3374222/index.html）。

包括香港，例如已經倒閉的FTX交易所及眾多中資背景的交易所（如火幣），也在禁令及政策前景不明朗下，被迫將總部搬離香港。

二〇二一年九月二十四日：繼續打擊挖礦產業

中國將虛擬貨幣「挖礦」活動列為淘汰類產業，嚴格限制虛擬貨幣「挖礦」企業用電報裝和用能，嚴禁對新建虛擬貨幣「挖礦」專案提供財稅金融支援。

有用嗎？根據區塊鏈分析公司Chainalysis《2022年全球加密貨幣採用指數》報告[13]，即使有了全面禁令，中國在全球加密採用指數中仍排名前十。

更驚人的是，中國一直以來是比特幣礦工的最大來源地，因為中國政府的挖礦禁令，當地比特幣挖礦活動已轉至地下，藉由離網電力及分散式的小規模作業來規避官方禁令，使得中國地區挖礦能力在二〇二二年從零再度跳升，變成全球第二大，而此數據表明了一件事：中國禁令要麼無效，要麼執行不力

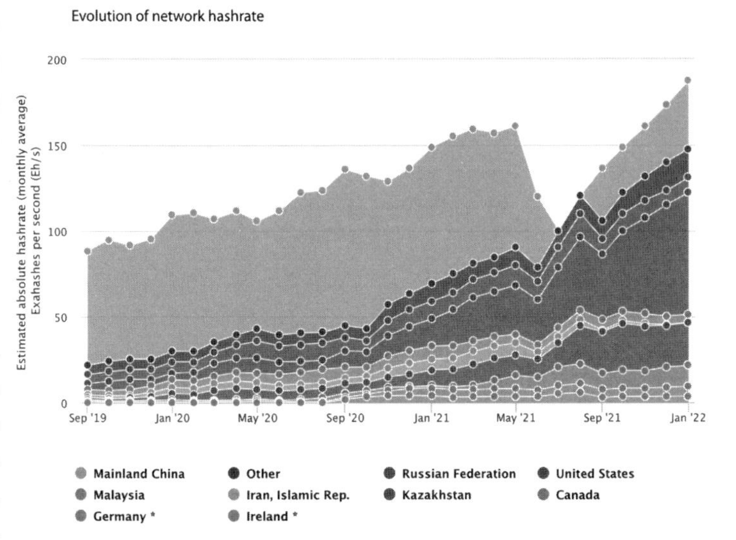

圖 3：劍橋大學賈吉商學院新興金融研究中心（Cambridge Centre for Alternative Finance, CCAF）資料顯示，中國比特幣挖礦能力快速復甦，2022 年 1 月又回到 21.11%，成為全球第二大比特幣挖礦中心，僅次於美國的 37.84%[14]。

（見圖3）。

然而，中國對於加密貨幣的全面禁令，維持不到兩年，現在已經轉向，並從香港開始。

香港的經濟前景，在中國二十大之後晦暗不明，港股指數下跌至一九九七年回歸後新低，資金、人才大量出走，美中金融戰仍在角力，眾多在美國掛牌的中國企業被迫從美國下市，回到香港第一上市，但是無力改變香港資本市場正在失去成長動能，亞洲金融中心的地位黯然無光，衰退壓力極大，在此背景下，香港政府決定嘗試以加密貨幣來扭轉頹勢。

香港政府於二〇二二年末突然發表《有關虛擬資產在港發展的政策宣言》⑩。

這份宣言極為重要，可以說扭轉過去中國政府對於加密貨幣政策，成為重新擁抱「加密貨幣」的風向球，然而弔詭的是，這份宣言，跟中國政府禁止加密貨幣的政策完全相反。

從今日開始，加密貨幣在中國呈現極端的「一國兩制」：

在香港以外地區持有、交易、挖礦比特幣等加密貨幣，將被中央地方政府視為非法金融活動，業者亦不得提供加密貨幣交易服務；但在香港，取得牌照後即可合法從事加密貨幣相關活動。

香港重返虛擬資產宣言

1 取消散戶禁令

香港證監會將針對新發牌制度（類金融機構），允許散戶買賣虛擬資產。

⑩ 宣言部分節錄：政府今日（十月三十一日）發表有關虛擬資產在港發展的政策宣言，闡明政府為在香港發展具活力的虛擬資產行業和生態系統而訂定的政策立場和方針。政策宣言涵蓋以下層面：

1. 願景和方針：香港是國際金融中心，對全球從事虛擬資產業務的創新人員抱持開放和兼融的態度。政府現正與金融監管機構締造便利的環境，以促進香港虛擬資產行業得以可持續和負責任地發展。我們會適時訂出所需規限，按照國際標準緩減實際和潛在風險，讓虛擬資產創新能夠在香港以可持續方式蓬勃發展。
2. 監管：我們認為透過一致、明確和清晰的整全監管框架，有助奠定穩固的基礎，以迎接由全球虛擬資產急速發展所帶來的金融創新和科技發展。在加緊籌備新虛擬資產服務提供者發牌制度的同時，我們也樂意聯繫全球虛擬資產業界，邀請有關交易所在香港開拓商機。
3. 試驗計畫：政府和監管機構正研究推出下列試驗計畫，以測試虛擬資產帶來的技術效益，並嘗試把有關技術進一步應用於金融市場。
4. 展望：政府誠邀全球虛擬資產業界與我們攜手合作，憑藉香港作為國際金融中心的地位，遵從最佳國際標準和做法，在清晰、靈活和便利的監管環境下發揮金融創新的潛力。

2 ETF

在香港引入虛擬資產交易所買賣基金（ETF），政府抱持歡迎態度。

3 虛擬資產產權法制

推動採納虛擬資產和加強投資者保障，檢討代幣化資產的產權和智能合約的合法性，抱持開放態度，以便為代幣化資產的產權提供穩健的法律基礎。

香港正式於二〇二二年十二月修正通過《2022 年打擊洗錢及恐怖分子資金籌集（修訂）條例草案》，將涉及經營虛擬資產的活動納入監管。換言之，在香港經營加密貨幣的服務業者，均須先向證監會申領牌照，並遵守《打擊洗錢條例》規定，內容包括：

(1) 經營虛擬資產服務業務須領牌照。
(2) 未取得牌照而提供虛擬資產服務的罪行。
(3) 虛擬資產交易欺詐的罪行。

(4) 欺詐他人投資虛擬資產的罪行。

4 穩定幣

規管涉及支付用途的穩定幣的活動制訂風險為本、合乎比例和靈活的監管制度。

從中國政府的加密貨幣禁令，到香港的轉向宣言，我們看到加密貨幣世界是一個不停進行的「賽局」，就算（中國）一時的退出，世界其他競爭者不一定會跟隨，甚至反其道而行，你的競爭對手只會更投入，以更新的策略與技術挑戰你。

到最後，就算你不樂意，也不得不加入這場加密全球賽局。

置外於法律

法律是有一定通用範圍的。跨國境間，經常發生法律能否適用於「外國人」或「境外」主體的情況，這時候，一個區塊鏈產業常見的詞彙出現了——境外平台。

境外平台置外於法律？

境外平台的意思是，未在特定國家或地區開設公司、取得執照或符合當地法規，而是用戶透過 **App** 進行交易（平台宣稱是用戶自己下載使用）。許多區塊鏈業者，都以境外平台自居，因為網路、區塊鏈本質上是沒有國界的，用戶在世界任何一個角落，都可以使用平台服務，不因是否落地該國而受到影響。

境外，同時也隱含「置外於法律」的意思，讓執法機構難以對境外平台執法、作出處分，或是要求對境內用戶負責。

過去大量境外平台，採用不落地、不合規、不主動行銷的方式來進入各地市場，讓各國政府無可奈何，當地法令、稅務、反洗錢制度也難以適用在境外平台上。

針對置外於法律的平台，現在各國政府也在研擬採用各種不同的辦法，來填補漏洞，包括如下方式：

1 斷金流

幣安法幣銀行合作夥伴之一的 Signature Bank[11]宣布，從二〇二三年二月起，不再服務交易金額低於十萬美元的加密貨幣交易所客戶，導致部分個人用戶無法使用 SWIFT 銀行轉帳。

⑪ 已由紐約社區銀行（New York Community Bank）全資子公司 Flagstar Bank 買下。

台灣金融監督管理委員會日前也發布函文，要求金融機構禁止讓民眾以信用卡購買加密貨幣，包括境外平台亦是如此。

未落地的加密貨幣交易所，根據我的觀察，這些機構也將越來越難與當地銀行，進行開立帳號、建立法幣金流業務。

2 填補監管漏洞

同時，我們看到世界各國正在加緊填補加密貨幣產業的監管漏洞：

(1) 日本

金融監管框架最完善者莫過於日本，日本於FTX破產事件（詳見第三章〈加密罪惡〉）爆發後，政府按照現行監管措施迅速採取應變措施，包括資產隔離、第三方託管，因此日本用戶領先全球，可以率先開始提款，其他受災戶只能等待破產清算結果進行分配。

日本更於二〇二二年底頒布全球第一部「穩定幣監管法案」，讓業者可以有法令依據申請牌照發行「法幣擔保」的穩定幣。

(2) 南韓

南韓跟台灣的狀況類似，都是FTX事件的重災區，不一樣的是，南韓各部門，皆對加密貨幣各項業務該如何監管紛紛表態：金融服務委員會（FSC）、金融監督院（FSS）搶著要來規管所有持牌業者，甚至韓國中央銀行也跳下來，建議立專法監管穩定幣。

(3) 歐盟

歐洲中央銀行（European Central Bank, ECB）於二〇一九年六月發布公告[15]，認為於當前監管框架下，加密貨幣不能於金融市場進行交易結算，亦不符合可轉讓證券性質的定義。而歐洲證券及市場管理局（European Securities and Markets Authority, ESMA）於二〇一八年起實施歐盟金融工具市場指令修訂版（MiFID II），並將虛擬貨幣納入監管範圍。

而歐洲銀行業管理局（European Banking Authority, EBA）過去指出，加密貨幣不隸屬歐盟金融法律管轄，惟考量其高度交易風險，歐盟執行委員會（European Commission）應研議統一的規則保護投資人。

在這個背景下，歐盟於二〇二二年十月正式頒布加密貨幣市場規範（Markets in Crypto-Assets Regulation, MiCA），為歐盟首部針對加密貨幣「跨司法管轄區」的監管框架，同時也為了整合不同國家的監管體制，旨在建立全面性的監管框架。

(4) 美國

美國紐約州有最完整的加密貨幣監管法制，聯邦政府層級目前還沒有，不過如果你在紐約沒有牌照，對美國政府來說，你就是境外平台。

美國聯邦證券交易委員會（SEC）率先開刀，開始不斷透過「個案認定」

的方式，把各種不同的加密貨幣業務認定為「證券」，開罰境外平台或與之達成和解，例如二〇二三年二月九日美國 SEC 宣布虛擬貨幣交易平台 Kraken 即刻起停止向美國用戶提供質押（staking）服務。同時，SEC 主席詹勒斯（Gary Gensler）也撂下狠話：

"Everything other than Bitcoin can be considered a security."

「除了比特幣，任何加密貨幣都可能被視為是一種有價證券（而在我們管轄範圍）。」

當各國監管都開始落地，境外平台就成為了排斥的對象。

替代法律的措施

置外於法律，可能會衍生出更多問題，包括境外／境內平台的公平性。

各國境內加密貨幣平台業者，一直希望政府納管境外平台，或是要求政府強力執法趕走境外平台。不友善嗎？其實也不難理解，境內平台業者為了符合當地法規，自己閹割了可能無法合規的產品，付出了高昂的法遵成本，看到境外平台省去了請律師、落地申請牌照、合規的成本，產品線還更為完整，自然心裡不是滋味。

對於境外平台，未來將會有幾種「不歡迎措施」：

- 政府發布投資警訊（但通常不痛不癢）。
- 要求 Google、Apple、Facebook 等大型平台業者配合下架 App 及其廣告內容。
- 明令禁止國內金融機構對境外平台提供服務。
- 限制信用卡交易加密貨幣或 NFT。
- 執行網域封鎖（這是最狠的，直接讓用戶無法解析網站）。

FTX 破產事件之後，曖昧模糊的空間越來越小，不落地的「境外」交易所開始要面對各種「不受歡迎」的舉措，境內跟境外平台的摩擦，也會越來越多。

但我想這也是這個產業發展的必然，對於用戶而言，其實不是壞事，未來不必單純依賴「信任」，而有更多落地的合規交易所可以選擇，更完整的監管，同時也是多一層保障。

置外於法律的工具

而不願落地的交易所，則會走向另一個極端——越來越遠離中心化機構，必須開始擁抱置外於法律的工具，包括：演算法穩定幣（避免穩定幣與特定法幣掛鉤，例如美元的穩定幣已開始被監管）、Defi（去中心化金融）、DAO（不走法人實體）。

1 演算法穩定幣[12]

透過演算法控制穩定幣的發行量，維持穩定幣的價值，背後通常沒有法幣或加密貨幣儲備，價格控制機制是透過智能合約自動執行，對於演算法穩定幣的發行與運作，完全在區塊鏈鏈上進行，政府機構難以介入、監管。

典型如二〇二二年崩盤的 LUNA：UST。

2 DAO（Decentralized Autonomous Organization）

全稱為「去中心化自治組織」，其重點在於取代「法人」這個法律實體，其 DAO 的規則及組織協定，都以代碼形式在區塊鏈上運作，並透過智能合約來執行。特色是扁平化，不再是由上而下管理的組織，DAO 成員皆有機會共同、平等地來參與組織經營。DAO 的所有交易、投票、執行都會被記錄在區塊鏈上，使得 DAO 達成透明與公開化。

然而，DAO 本質上是一個無法人格地位實體的組織，在法律上會出現以下難題：

- DAO 在法律上可能會被認定為普通合夥，相對於公司的有限責任，DAO 成員在特定情況下可能須承擔「無限連帶責任」。
- 無法人實體切割下，DAO 成員在特定情況可能須承擔本不屬於自己的稅務責任，即使他一分錢都沒收到，甚至是賠錢。
- 鏈下世界的活動受限，沒有法人實體，有時候很難跟傳統世界進行互動，如簽約，你會不知道用何種主體，也難以在銀行開立帳戶，因此多數作法是 DAO 的創辦人以自己名義設立，或是轉而另行成立其他類似法人主體，如美國部分州允許成立的有限責任合資公司（Limited Liability Compan, LLC），或是有限責任合夥企業（Limited Partnership, LTD）。不過這會有一個邏輯上的問題，如果成立法人實體是必要的，那為何還需要 DAO？

怎麼走，都有路，區塊鏈就是如此有趣的地方。

---

⑫ 穩定幣分為三種類型：法幣儲備、加密貨幣儲備和演算法穩定幣。法幣儲備的穩定幣（如 USDT）與傳統法幣掛鉤，透過保留可兌換穩定幣的法幣儲備來保持掛鉤。加密貨幣儲備的穩定幣（如 DAI）對其穩定幣進行超額抵押加密貨幣。

第二章——幣圈真相

比特幣是什麼？

比特幣到底是支付工具、黃金、還是貨幣？

這讓很多初學者摸不著頭腦，因為大家習慣一個東西就應該只有一個樣子；法律人也感到困惑，尤其法律人習慣看到一個新事物，就要先將之「定性」，但比特幣看似有多種樣貌，而且還一直改變。

早期的比特幣比較沒有爭議，多認為是一種支付工具，從中本聰發布的比特幣白皮書所述，它是一個點對點的電子現金系統（**Bitcoin: A Peer-to-Peer Electronic Cash System**），以及早期的用途上，比特幣創造了一種新型態的網路支付，你在網路上，包括明網跟暗網，可以不用依賴任何機構來傳遞價值。但隨著比特幣越來越多人使用、交易手續費高、交易速度不夠快（區塊容量有限）等問題開始浮出，比特幣受到質疑，甚至有人跳出來想要改變比特幣，最後衍生出硬分叉幣。

隨著比特幣的共識上升，大家開始認為比特幣不只是支付，更是一種價值儲存工具，其無法變動的供給量上限規則，讓人聯想到黃金的稀缺性：黃金的供應量有限，且新的黃金開採無法因為投入增加而供給量等比上升，此外黃金的化學性質穩定，不會腐爛或衰變，可以長期保存。

黃金的稀缺性是大自然的恩澤，而比特幣的稀缺性是基於無法改變的程式碼及貨幣規則，因此也越來越多人說，比特幣是一種數位黃金。

比特幣是不是貨幣？這更是爭論許久的戰場，反對論者認為：

1. 缺乏穩定價值：比特幣的價值波動非常大，很難作為一種穩定的交換媒介。
2. 缺乏政府支持：比特幣不受任何政府或機構監管，沒有法定地位，缺乏政府的信用背書。
3. 缺乏彈性：比特幣供給量固定，無法根據特定需求或背景下，如同美國聯準會因應突發經濟狀況而增發貨幣，或是拯救即將倒閉的銀行。

存在即是真理，我認為比特幣確實具備了目前貨幣的基本要素：

1 具有交換功能：比特幣可以用作交換媒介，用於網路上進行交易，包括虛擬寶物、實體商品，或是與其他幣種間的交換。

2 具有價值存儲功能：比特幣是可被長期持有和儲存的數位資產，其市場價值隨市場需求及比特幣供給量減半而可能大幅波動，但始終沒有歸零。

3 具有計量單位功能：目前較少，但比特幣可以用作計量商品和服務的單位，也有兩個國家將比特幣列為法定貨幣。

有趣的是，就連美國白宮的二〇二三總統經濟報告也不完全否認這點，並總結道：「加密貨幣雖可作為計價單位、交易媒介和價值儲存工具，但相較於美元等主權貨幣，它的效用較為有限，且無法像美元一樣有效地實現三大功能。在美國，加密貨幣不如美元作為交易媒介有效，因為使用它們購買商品和服務的商戶較少，而且缺乏給予美元力量的重要因素，如對政府機構和司法體系的信心[16]。」

比特幣更有不同於一般貨幣的特質：

1 中立：比特幣不像傳統貨幣受制於政府或銀行，它是一種去中心化的貨幣系統，不受中央機構控制，無法由特定組織或人為進行干預，也無法成為打擊異己的工具。

2 真正的私有財產：比特幣的持有者可以掌握自己的資產，掌握私鑰，即可不用擔心政府或銀行對該私有財產進行沒收或凍結，落實私有財產的完全保障。

3 抗審查性：沒有任何單一政府、組織可以關掉比特幣網路，賦予比特幣擁有抗衡人為干預的強大力量，並確保人民使用的途徑，更確保了貨幣的中立性。

4 全球通用：比特幣可以在任何空間、時間、地點使用，因此它可以作為全球通用的貨幣，不受地域限制。

這本書寫到這裡，才正式揭曉我認為的比特幣同時兼具三種特性：

比特幣既是貨幣（全世界第一個網路原生貨幣），也是價值儲存工具（數位黃金），更是支付工具（閃電網路）。

這三者看似彼此矛盾，但卻是事實，比特幣正同時在這三者之上「螺旋狀」發展中：

比特幣發展早期（二〇一〇～二〇一四年），少數的網路駭客、工程師，把比特幣當成「支付工具」，比特幣最早是以電子支付樣貌出現在世人面前。

到了發展中期（二〇一四～二〇二〇年），隨著比特幣相對於美元的價格持續上漲，其價值儲存特性開始被世人接受，金融機構、華爾街、富豪開始把比特幣當成「另類資產」。相對於黃金，比特幣是以數位形式存在，更易於攜帶移轉，儲存成本更低。我自己會把比特幣當成更優越的價值儲存工具，比黃金更好，因為他是數位原生的，適合在網路世界使用。

奇妙的是，因為閃電網路逐步成熟，比特幣的小額、跨境支付，突然又開始大量被採用，當我們談到比特幣，他的第二層（閃電網路）確實也是一項好用的支付系統，在全世界各地被使用著。

比特幣並非完美，如果把比特幣作為唯一貨幣，因為其嚴格的供給量上限（二千一百萬枚），該國家或人民很可能將走向過去金本位的覆轍：經濟蕭條、通貨緊縮。然而一直到近代（二〇二〇年至今），一些小型國家、少數人民開始把比特幣當成貨幣，也就是貨幣的第二選項。

比特幣也是貨幣，不同於貝殼、黃金、白銀，是一種國際通用的網路原生貨幣，過去從來沒有出現過。我認為比特幣不是要取代法幣、對抗政府，而是提供多一個選擇，不是強迫人民停留在此，也不強迫國家放棄其貨幣鑄造的權利，但比特幣可以提供國家、人民一個避風港、一座安全的森林，一個任誰都關不掉的第二貨幣系統。

當我們認為既有的貨幣體制、流動性氾濫對我們不利，或是發現「自由使用金融的權利」被剝奪時，比特幣提供一個繞開法幣的「第二選項」。

身為律師，我服務過最有權力、極度富有的人或組織，也曾站在窮困的社會底層旁，比特幣的存在不是洪水猛獸，而是在野法曹的律師一樣，站在人民旁的工具，值得被你好好認識。

我們都該畏懼的「數位法幣」

李伴斯①、果殼共筆

自中國元朝皇帝（大汗）以造紙科技取代金屬幣在貨幣的壟斷地位，八百年間「紙鈔＝現金」這種升級版的貨幣概念傳播至全球，形式亦少有改變。

這讓我們想到《馬可波羅遊記》裡面的威尼斯大商人，對於「紙鈔」這項創新是這麼說的：

「大汗命人將桑樹的皮剝下，弄成漿糊製成紙，當作銀幣與金幣。官員在每張紙做的幣上蓋章，紙幣就這樣取得了貨幣的權力，沒有人敢冒著生命危險拒絕使用。」

遠離中國古代，一路飛越至西元二〇一四年，中國人民銀行為貨幣戰準備，設立了數字貨幣研究所，試著再次以科技重塑現金，並在加密貨幣逐漸普及的二〇一九年底，宣布將開始在大都市試點數位人民幣，並開啟了世界爭相跟風推進央行數位貨幣（CBDC）的趨勢。

龜兔賽跑

國際 CBDC 的推進，可以分成兔子、烏龜、與槍聲前就已開跑的烏龜三種速度。中國是兔子，美國是烏龜。

中國是在各國意識到有此競賽之前，就已開跑的先驅者。雖然開發與測試過程緩慢，但目前仍領先其他 CBDC 至少五年，擁有一．五億個使用者。

對中國而言，數位人民幣（DCEP）的普及不僅勢在必行，也自然是社會進程的下一個里程碑。得益多年支付技術普及與超前發展，人民出門早不必現金傍身，推行 DCEP 不僅沒有去現金化的副作用，使用感受上更跟支付寶與微

① 李伴斯，國際地緣總經專家、比特幣選擇權策略分析師，我見識卓越的好友之一。

信相似，容易推動。

雖然台灣在CBDC的相關工作在二〇一九年才開始，於二〇二二年七月中央銀行總裁楊金龍就宣布完成零售應用場景測試，自中國元朝以來，接近第一次對現金的升級，也激發了對金融創新與科技治國的想像力。台灣央行算是世界各國中偏快的兔子，這驚人的開發效率，跟美國等國瞻前顧後的龜速大相逕庭，部分原因在於台灣使用的中心化系統，結合帳本技術結構，大大減少技術開發難度與時間。然而更重要的是，CBDC對人權與國安的深層影響，尚未經過我們的全盤審視與討論。

風險在於究其本質，CBDC並不是現金的科技升級，而是去除現金。

去現金化的風險

美聯儲副主席布雷納德（Lael Brainard）今年受訪問時說過：

「目前CBDC的狀態就是，只要經過夠多次的測試調整，最終看起來都跟現行中心化的電子貨幣系統沒什麼差別。」

的確，大部分的貨幣都早已電子化了，現代生活中無論銀行的存款餘額、借貸行為、電子支付買咖啡，大至央行的QE擴表，貨幣的存在運作形式都已電子化。而你我錢包中躺著的那張現金，是現代貨幣系統中唯一未電子化的一層。

有形的現金具備獨特的兩大特性，而這兩個特性，並沒有被CBDC承襲，因此CBDC不是現金的升級版。

第一，現金是一種實體無記名票據（Bearer Instrument），控制與保管責任歸於個人，是受憲法保障的最基礎財產權。國際刑警組織主席埃里克森（Björn Eriksson）解釋得很好：「你擁有完整的數位系統時，如果有人把系統關掉，你根本沒有抵禦的武器。如果普丁入侵瑞典的哥特蘭島，他只要把付款系統關掉即可。」CBDC是儲存在中央伺服器內的一條程式碼，一旦遭受駭入造成運作癱瘓，個人連以一己之力保衛積蓄的機會都沒有，方知 CBDC 的控制權從來不在你我手中，與實體現金不同。

第二，現金無個人資料（anonymous）且同質化（fungible），重點不僅於隱私權，而是自古以來所謂良幣，當如萬般人同飲一汪泉，從不因人或軌跡而改變價值。試問，若可徹底追蹤金流去向的 CBDC 即刻起取代現金，過年小賭怡情拿起手機用 App 轉帳時能不心存芥蒂嗎？或者，人們會尋找另一個無需記名、不受偏見操控的貨幣替代品，並促成更多經濟活動的地下化呢？

更有趣的是美聯儲副董米勒（David Miller）對 CBDC 隱私權的思辨，值得我們借鏡：「問題是防止『誰』取得隱私資訊呢？我們美聯儲的出發點，基本都基於防止『政府』，防止美聯儲等政府機構取得人民的身分與隱私資訊。美聯儲並不想要有能力去判別一個消費者的交易。」台灣 CBDC 設計架構中要加入如中國 DCEP，剛好跟美聯儲思維相反，防民間取得隱私資訊卻不防政府的「可控匿名」特性或許不難，但政府對隱私資訊進行搜集與判別，卻不應是台灣等民主國家 CBDC 發行的初衷。

中國 DCEP 是所有 CBDC 中走在最前面的，他國設計多少有它的影子也是情有可原，但盲目抄襲的國安風險卻不可忽視。按照中國共產黨世界觀設計的 DCEP，具備了對經濟體的全視能力（錢在哪裡、做了什麼一清二楚）以及程式化的可能性（自動繳稅、紓困金有過期日等等），這對各國政府是難以抗拒，卻能隳落民主根基的誘惑；而邁向全球化的中國 DCEP 持續推進，亦會造成他國受迫政治壓力而研擬自有版本的反射動作，但可能因為科技落後只是以卵擊石，模糊國安注意力。

CBDC 的風險考量不僅限於 CBDC 本身，還包括了國安、人權與去現金的多層風險。推動 CBDC，我們都該畏懼，龜兔賽跑兩種選擇，還是謹慎慢行為佳。

現金在現代貨幣系統內，是維護財產與隱私兩大人權的基礎架構，並無替代方案。與其冒上述去現金的風險，同時冒國安風險躁進開發試著趕上中國 DCEP，我們更需要的也許是戰略耐心，先觀察這種「無利息、無匿名、中心化的多限制貨幣技術」，在全球貨幣戰中，與中國擠兌造成流動性危機之際如何運作，畢竟走在最前面的 DCEP 成功與否仍是個大變數。

數位新台幣？

從相關數據方面，可知道台灣並無發行數位央行幣的迫切性。

根據央行楊金龍總裁二〇二二年六月份公開發言，台灣的央行準備金體系（處理金融機構間跨行支付交易的清算資產）已經有完成的電子化系統（「央行同資系統」及「財金公司金融資訊系統」），每年處理高達新台幣五百三十三兆元及一百八十八兆元的交易。對照目前實體新台幣的市場流通量，大約為三兆元。

CBDC 在使用上有兩種形式：批發型、零售型。前者存在於央行跟金融機構之間的清算、結算，我們現在的基礎建設，已經足以處理巨量（合計達七百二十一兆）的交易；而零售型 CBDC 如果在台灣出現，則是搶奪剩餘的三兆元實體新台幣的日常現金份額。

零售型 CBDC，其實就是在跟銀行、商業業者搶生意，目前台灣電子支付比率已達百分之六十以上，從商業面的角度，我們似乎不需要中央銀行跳下來，在日常支付領域跟信用卡、電子支付、第三方支付等機構競爭。

我們是否真的需要央行數位法幣？

台灣金融法制仍停留在上一世代

「金融機構不得收受、兌換比特幣，亦不得於銀行 ATM 提供比特幣相關服務。金融機構應配合落實辦理。」

——台灣金融監督管理委員會二〇一四年一月六日命令

台灣科技業有全球最領先的製造、研發技術，但在加密貨幣領域上，台灣金融產業似乎已經大幅「落後」了，問題的根源在哪？

我身為一名加密貨幣產業的從業者，在我眼中的台灣金融科技業，尤其是在加密貨幣領域已經足足落後別人至少五年以上。

我的工作之一，是協助業者導入反洗錢制度、落地符合台灣本地法規，這幾年更讓我深深感覺到，台灣金融產業已經大幅「落後」，這問題的根源來自我們的法律制度，還有心態。

世界早已改變

當美國已經將美元穩定幣納入到金融支付／清算體系的一環，只要是受監管的金融機構，就可以成為「獨立驗證節點」（INVNs），以及使用穩定幣（如：USDC）。

從而，美元與美元穩定幣的界線逐漸模糊，許多金融機構可以使用穩定幣來購買金融商品，從而加快跨境清算、結算的速度。世界最大支付網路之一VISA，也正在把USDC穩定幣的支付結算制度納入，讓用戶能夠更快地轉移資金，而不是只依賴**SWIFT**。

而我們的法制至今，主管機關仍把加密貨幣概括稱為「虛擬通貨」，並把穩定幣當成「商品」。

金融機構瘋狂布局加密貨幣

當 Paypal 支援加密貨幣支付，全世界金融機構都早已瘋狂布局加密貨幣，包括：

澳洲最大銀行澳洲聯邦銀行（Commonwealth Bank of Australia, CBA）允許其六百五十萬客戶透過「CommBank」應用程式購買、出售和持有比特幣（BTC）、以太幣（ETH）等十個幣種。

西班牙第二大銀行西班牙對外銀行（Banco Bilbao Vizcaya Argeutaria, BBVA）的瑞士分支機構已為私人客戶推出了比特幣交易和託管服務，並於二〇二一年六月二十一日開始營運。

託管銀行如紐約梅隆銀行（BNY Mellon）、富達投資（Fidelity Investments）皆宣布將為資產管理公司、對沖基金等機構客戶推出加密貨幣服務，而相對較為保守的歐洲銀行如德國儲蓄銀行集團亦表示，正在考慮提供客戶加密貨幣錢包。

我們的金融機構卻視加密貨幣業者為洪水猛獸，常常不敢提供單純的「法幣」服務給幣圈業者。在台灣，加密貨幣交易所最多只是把用戶的「新台幣」信託在銀行裡，銀行等於只是法幣的第三方託管角色，台灣的銀行未提供任何加密貨幣服務，「新台幣」法幣信託，這只是唯一銀行能夠做到「最間接的」周邊服務。

比特幣成為全球另類資產、金融商品、支付工具

當許多人仍然瞧不起比特幣，認為這只是一個高度投機性商品時，實際上，比特幣已經成為各種機構合法交易投資商品，以及各種衍生性金融商品標的；也有越來越多上市公司採用比特幣作為公司資產，舉例來說，擁有最大比特幣部位的美國上市公司微策略（MicroStrategy），近日發布公告震撼市場，稱公司已與加密貨幣友善銀行銀門銀行（Silvergate Bank）達成貸款協議，以

部分比特幣作為擔保獲得二・〇五億美元的貸款，並表示：

「利用貸款資金，我們有效地將我們的比特幣轉化為生產性抵押品，這使我們能夠進一步執行我們的業務戰略。」

此外，南非最大、全國共有一千六百二十八家分店的連鎖超市「Pick 'n Pay」於二〇二三年二月宣布，允許客戶通過任何支持閃電網路的錢包進行比特幣支付。

發言人表示：「交易流程就像刷信用卡一樣簡單、安全……每筆交易的手續費很低，整個操作過程不到三十秒。」

在現實世界裡，比特幣已經成為一種多元化資產，可以是投資商品、抵押借款的標的，以及支付工具。可惜的是，台灣金融法制最近的創新，是開放數位銀行（一種不能開設實體門市，只能提供線上服務的銀行）牌照，缺乏積極Web 3.0 政策布局。

制度性問題

面對一項科技，我們要擁抱它對世界有利的一面，同時也必須處理壞人利用它的另一面。

就像網路，拿它來做壞事的人可多了，但我們不可能禁止使用網路，而是想辦法處理網路帶來的負面問題，**難道台灣金融機構都沒看到這個趨勢，甚至對加密貨幣避之唯恐不及**？

其實不能把矛頭全指向業者，這是制度問題所導致。

原因是，台灣的金融機構被主管機關要求不可以從事這項業務。金管會在二〇一四年一月發布了一項行政命令，要求：

「銀行等金融機構不得收受、兌換比特幣，亦不得於銀行 ATM 提供比特幣相關服務。」

「金融機構應配合落實辦理。」

這個行政命令某程度是全面禁止金融機構投入到 Web 3.0 的所有可能，導致台灣金融業跟中國金融業有類似的窘況，只能從「區塊鏈技術」來研發，做一些無傷大雅的區塊鏈應用專案，旁敲側擊。

然而，旁敲側擊是無法與世界競爭的。以筆者作為一名法律專業人士看來，該行政命令有無足夠的法律授權，也就是金管會是否被法律授權可禁止金融機構不可做加密貨幣業務，其實在法律上有很大的討論空間。

但不論如何，足足八年過去了，當全世界都已經風起雲湧地加入加密貨幣領域，但這個古早行政命令至今仍然有效，巍然不動。

心態上，台灣金融業也越來越消極，「既然主管機關不允許，那我們就不碰加密貨幣業務。」有些銀行，甚至因此把加密貨幣視為洪水猛獸，聽到加密貨幣業者要開戶，一律先拒絕再說。

走出第一步

常常覺得很遺憾，當全世界銀行都在大力布局下一世代的金融服務，將加密貨幣視為 Web 3.0 金融產業的核心，台灣的目光似乎仍停留在 Web 2.0 時代的「網路銀行」。

這項行政命令，讓台灣金融機構產業在加密貨幣布局落後至少一個世代以上，對照加拿大、日本、韓國、東南亞等國落後三年，保守估計落後美國至少五年以上。

台灣當前只是努力落實加密貨幣反洗錢，此事固然重要，但似乎忽略了戰略布局的重要性。現在台灣的金融業，可以說只選擇安穩地停留在上個世代的金融世界，靜靜觀察著其他人如日中天的發展。

台灣擁有頂尖的產業及軟體人才技術，台灣金融業絕對可以在 Web 3.0 中發光發熱，並取得重要戰略地位，前提是一些陳年法規障礙必須排除。在這個

Web 3.0的全新時代，我們無法迴避區塊鏈技術、加密貨幣的重要性，我們必須重新思考，如何避免台灣重演過去在新支付、新數位經濟時代中落後的情境，並跟上趨勢、掌握先機。

好不容易，台灣在監理上面走出第一步，根據金管會正式公告，台灣加密貨幣產業監理進入新時代，有三大重點：

1 目的事業主管機關：金管會與國際上多數國家相同，把加密貨幣產業視為類金融事業。

2 從誰開始管？加密貨幣大型交易平台。

3 分成三階段監管：

(1) 主管機關訂定原則性指引。

(2) 業者發布自律規範，建立內部控制點，包括資產隔離、錢包管理、商品上下架等面向建立規則。

(3) 持續蒐集國際趨勢，針對虛擬資產監管走向「設立專法」。

將產業業務規則法制化，我相信對產業也是好事一樁。

先是交易平台，目標是高度監理，讓投資人的資產得以更完整保護；對業者的要求更高，而且監管步驟採取漸進式，先從指引、自律規範，再到專法，按照過去經驗，以及國際監理趨勢，採取牌照制的機會大些。

台灣好不容易踏出第一步，期待未來跟上世界步伐，一起 Build！

NFT 的六大致命缺陷

非同質化代幣（Non Fungible Token，下稱「NFT」）廣泛運用於數位藝術創作及數位收藏品、域名、企業行銷等新興領域，並成為元宇宙數位資產的基礎技術之一。

NFT 最初是從區塊鏈公鏈以太坊（Ethereum）的 ERC-721 智能合約技術標準演變出的「非同質化代幣」，NFT 是區塊鏈上一串獨一無二智能合約代碼，與特定數位標的綁定後永久記錄於特定區塊鏈帳本。

與一般加密貨幣相異的地方是，NFT 為獨一且不可分割的代幣，不同於以太幣、比特幣具有等值、可替代、可直接作為交易媒介的特性。

NFT 是上一輪牛市的狂熱指標之一，許多人趨之若鶩。二〇二二年第一季，NFT 總交易額達到史上新高：一百二十億美元、交易數量高達二千八百萬筆，足見世界對 NFT 的狂熱，以及其所帶來的龐大 NFT 元宇宙商機。許多

NFT已成為高價值數位資產，例如Bored Apes、Azuki，且「物以稀為貴」。然而在二〇二二年，NFT泡沫破滅，大量NFT項目價值歸零，交易量掉到不及高峰的十分之一。

接下來我來分析，為什麼多數NFT根本沒有價值：

1 元宇宙：能夠留下來的才有價值

元宇宙尚在早期階段，多虧了Facebook（現名：Meta）推波助瀾，我們頓時發現，一個與現實世界平行的去中心化虛擬環境，離我們有多近，彷彿人造的虛擬世界已在眼前。但實際上，我們仍在元宇宙的極早期階段，只是有一塊已經率先被人們認為是元宇宙概念股——「虛擬世界」，還有「虛擬土地」。

首先，我認為加密貨幣及NFT將是未來元宇宙裡重要的基礎，元宇宙的貨幣會是比特幣及其他加密貨幣，而不會是法幣，元宇宙裡面的大眾資產，會是以NFT的形式被創造及持有。

不過現在紅的，不代表它未來會留下來。

我們尚在摸索怎樣的新世界適合成為元宇宙、Web 3.0，我們需要怎樣的「元宇宙」？是中心化的（例如未來臉書打造的新宇宙）、還是去中心化的（例如建構在區塊鏈公鏈，不依賴任何網路巨頭，由區塊鏈協議及去中心化組織治理）？我也不知道，但我很確定，目前 The Sandbox 以及 Decentraland 並沒有絕對的優勢，因此，我也決定把二〇二一年初購入的虛擬土地通通售出。

在二〇二二年世人陷入「錯失恐懼症」（Fear of missing out，簡稱 FOMO），深怕錯過這波浪潮，砸了一大筆錢在購買虛擬世界中的虛擬土地、頭像，代表你在賭未來元宇宙裡會建構在他們之上，身為長線投資人，我不會做這種賭注。

2 百分之九十九 NFT 項目：供給量很可能無限

既然遲早要當包租公，何不現在開始？

太多虛擬世界項目的起手式是賣虛擬土地、虛擬遊艇、通證、遊戲角色，但真的能夠留下來進入元宇宙的，可能沒有幾個。更何況，這些 NFT 供給量是無限的。

比特幣的二千一百萬枚供給量，不依賴人的承諾，而包括虛擬土地、遊戲化金融（Game Finace，簡稱 GameFi），以及市面上超過百分之九十的項目，通常沒有 NFT 供給量限制，而是項目方「承諾限量」。

舉例來說，虛擬土地在 The Sandbox 裡名叫「LAND」，自發行以來，LAND 總量一直固定維持在十六萬六千四百六十四的數量，當中約百分之七十四用作出售。

Bored Ape 系列也號稱是一萬個 NFT，但因為太紅了，廠商捧著鈔票來，因此再開更新系列，更多「一萬個 NFT」，然後又發行自己的虛擬土地「Otherdeed for Otherside」。

遊戲規則可改，LAND 總量可以因項目方的需求而改變，數位頭像可以再開系列，因此投資這種NFT，本質上還是「博傻遊戲」，因為土地拍賣、盲盒拍賣、新花樣可以源源不斷地出現。

身為律師我知道，人的承諾很廉價，被寫在安全的區塊鏈上，其稀缺性才是被確保的。

大多數NFT，不存在稀缺性。

3 數位頭像：你買的NFT與科技投資無關

ICO，其中一項特別之處，是讓科技投資變成人人有機會。你可以在早期參與一項區塊鏈技術，若它打入早期採用市場，你可以代幣的形式分享到高成長的紅利。

過去只有創投、天使投資人跟大型機構有機會參與科技投資，一般散戶只能買上市股票，例如特斯拉，你無法參與到馬斯克創業草創階段。

ICO為何可能有一千倍的超高報酬？因為它符合早期科技採用曲線，當科技被早期百分之五使用者採用，ICO 代幣的市場價值會呈顯出爆炸性成長，並獎勵（例如：空投）早期使用者，這是早期創投在做的高風險股權投資。

ICO 賦予了散戶參與科技投資的機會，而很多人以為投資 NFT 也是。

別傻了，你只是在買周邊商品而已。

買 NFT 數位頭像，跟科技投資一點關係也沒有，你投資一個 NFT 數位頭像項目，其實就是在買產品，一堆知名品牌套上 NFT 外衣的周邊商品。

NFT 背後是數位創作、品牌光環、社群炒作，跟投資一個早期科技基本上無關。舉例來說，波場協議（Tron）如今每天處理高達一百億美元以上的轉帳交易，鏈上資產超過五百億美元，達到與支付寶（Paypal）類似的商業服務與規模，而長期持有 TRON 代幣的人，就像早期投資支付寶、Paypal 公司股權，將獲得豐沛收益，就像我在《尋找黑天鵝》一書強調的，這是屬於新時代散戶的機會。

不諱言，仍然很多不錯的 NFT 投資標的，但請不要幻想自己在參與一項早期科技投資，一萬顆數位頭像不會帶來什麼大眾採用，就是在五千人中不停轉手，例如近期 Adidas 推出聯名系列 NFT——「Into The Metaverse」，一個「號稱」限量三萬個的穿衣服數位人像與通行證，持有者可以使用這個代幣取得 The Sandbox 遊戲內的特殊服裝以及兌換獨家的實體商品，引來無數想像空間，但是如同前面所說，你買 Adidas「Into The Metaverse」NFT，就像是在買一個品牌周邊商品，並且賭未來元宇宙裡面沒有比 The Sandbox 更強的對手。

轉手賺到錢很好，但這就像是炒作 Jordan 鞋，我認為買 NFT，在百分之九十的場域裡不屬於早期科技投資，也不能一竿子打翻全部，在我的高標準下，符合科技投資的 NFT 仍然存在，但不算多。域名是一種網路元生的早期數位資產，NFT 域名，可能是未來元宇宙最有價值的數位資產，也更可能標章未來一個人的數位身分。

可惜的是，大多數人只在意那些追不完的數位頭像。

4 加密藝術：人人都可以，而且門檻更低

NFT出圈的情形，比加密貨幣更熱絡，各行各業都可以參與NFT。

我算是很早期就親自實驗，發行律師諮詢NFT、數位藝術品的KOL（關鍵意見領袖）之一，也協助過不少團隊，發現到NFT門檻真的很低，比過去ICO更低。

小吃店可以發、Youtuber可以發、不分國界、知名度的藝術家都可以參與，任何數位媒介的產物都可以發。這是NFT的魅力之一，人人有機會，打破地域限制，這裡的買賣就是一手交錢一手交貨，銀貨兩訖，藝術品本身能不能升值，看收藏者的眼光。

藝術領域，是我這一年越陷越深的地方，一切都還很新、很原始、很叢林，也是我覺得充滿機會的地方，但我預估這波NFT牛市過後，最後會留下來的東西不多，你必須睜大眼睛挑選。

我認為這個問題不大，反正透過市場機制，好的藝術品、收藏品會被市場看見。

不好的東西，就像過去一樣，不論是實體發行還是數位發行，就是賣不動。好的藝術投資人，可以在其中找到黃金。NFT 泡沫正在破滅，並且比二〇一七年末發生的 ICO 泡沫更為慘烈，因為低劣、無用途的圖檔 NFT 充斥整個市場。

5 NFT 賣什麼？花大錢買承諾？

現在，有越來越多人認同我一直提倡的重要觀念：買 NFT 藝術品，現階段最能夠精確傳達的是，買到「數位資產冠名權」，不一定買到數位創作的所有權。

擁有記載著數位資料的「數位資產」是一回事，不代表買方也購買到 NFT 藝術品的所有權。

這其實是一場信任遊戲，買家買到藝術家的簽名，以及含有圖檔連結的智能合約紀錄，買家可以公告周知炫耀：「我買到XX知名畫家的NFT藝術品啦！」但很多人不知道的是，這場遊戲的前提在於，這名畫家不會將同一幅數位藝術品重發一次NFT。

區塊鏈無法保證發行方不會有「雙花」行為（也就是同一版數位創作重複發行），你只能祈禱發行人不會重複發行砸爛作品的市場價格。

現在的解決方案是，特定中心化發行平台跟作者簽署一個「書面法律合約」（注意，不是智能合約），然後作者承諾不會有雙花行為。

你願不願意花大錢，買一個冠名權，以及作者的口頭承諾？

6 NFT著作權問題仍無解

很多人還不願意相信，買NFT藝術品後，除了炫耀、身分表彰，你不會取得任何著作權（版權），例如典型的疑問：圖像本身能不能商業使用？

這個問題，其實跟買實體畫作類似，買 NFT 不等於買到創作者的著作財產權，要看創作人有無著作權授權。

若有，要看你的使用行為是否落於著作人的授權範圍；若沒有事前授權，則可能侵權，要注意是否構成合理使用。

現在市面上多數 NFT 項目，越是大牌的品牌聯名，著作權本身不是沒有授權條款，就是極端嚴苛。用白話文來說，你買了 NFT，但除了換大頭貼，拿手機跟別人炫耀外，你根本沒有取得著作財產權的授權，結果是花大錢，卻動輒有著作權侵權疑慮。

進行商業使用？辦展覽？出版 NFT 圖冊？都可能侵權。

NFT 市場仍然屬於早期階段，過去過度投資，以及過多項目湧入的狀況很明顯，目前正在去泡沫化，市場仍在等待真正對人類有用的 NFT。

ICO 留下的，除了泡沫外，更重要的是留下區塊鏈世界的基礎建設。NFT

目前亦是充斥泡沫，而且更大，這個時候有一項令我眼睛睜大的產品出現了，也就是蘋果的新穿戴式產品 Vision Pro，我很看好它能夠成為元宇宙裡的用戶端入口，讓更多人可以沉浸、使用元宇宙裡面的各種元素、應用，甚至是 NFT。

現在奇點已經出現，到底元宇宙是英雄還是狗熊？哪些 NFT 能夠成為未來網路世界的基礎建設？在本書第四章〈發現新資產〉將嘗試回答這個問題。而剩下的，都會成為第一把 NFT 之火的灰燼。

台灣的戰爭保險：人民的選擇

傳奇矽谷投資人提姆・德雷珀（Tim Draper）表示：「好的領導者，會推動人民對政府的信任，並讓人民自由。壞的領導者，試圖控制所有事情，例如監管和徵稅。」

台灣，是全世界最重要的科技重地，也是最危險的地方之一。

台灣需要分散戰爭風險，避免貨幣崩潰。事實上，台灣一直是外匯儲備的大國，外匯存底高居全球第四位（五千五百七十一億美元），排名次於中國大陸的三兆一千二百七十七億美元、日本一兆一千三十九億美元、瑞士八千四百九十九億美元。其中，台灣的黃金儲備更高居全球第十二名（四百二十四公噸），整個歐洲央行合計也不過五百〇二公噸。

這些市值超過新台幣七千七百九十三億元（二百六十八・七億美元）的黃金，現在通通存放在台灣的一個角落：新店烏來山區（國軍文園營區）。

隨著中國不斷壯大的軍事野心，兩岸之間隨時可能發生戰爭，我們都不希望戰爭爆發，但若不幸發生戰爭，除了總統府之外，新店烏來的大金庫，才是全世界最危險的地方。

戰爭爆發時，這麼大量的黃金根本難以保護，若敵方軍隊入侵，黃金可能通通被搬走。失去武器可以再買，或是等待他國援助，但失去黃金儲備的新台幣，有多少人願意繼續持有呢？

同時戰爭爆發，通常擠兌也會發生，民心渙散。從二〇二二年二月爆發的烏俄戰爭就是如此，令人難過的是，不只是烏克蘭人民，就連俄羅斯人也在銀行 ATM 排起長長人龍，憂心無法提領現金。烏克蘭國家銀行（National Bank of Ukraine）將每日提領上限設定在十萬烏克蘭格里夫納（相當於三千三百三十九美元）。俄羅斯央行也宣布緊急應變措施，包括關閉證券交易所、買進數億盧布，以拉高被拖垮的盧布匯率。

當台灣發生擠兌情況，我們的中央銀行又需要動用外匯存底，大幅買進新台幣用於穩定和控制匯率，可能雙重減損我們的外匯存底。法幣不是永垂不朽，平均法定貨幣存在的壽命，是二十七年，就像過去「舊台幣」在一九四六～一九四九年，平均每年物價漲幅高達百分之九百二十二，一疊疊舊台幣鈔票宛如廢紙。沒有人希望發生戰爭，但當兩岸不幸真的發生戰鬥，欠缺保險的黃金與外匯存底，反而可能讓民眾失去信心，並大幅消耗台灣外匯存底的實力。

比特幣是未來國家的戰略資產之一，美國太空部隊（US Space Force）現役航空工程師及麻省理工學院美國國家防衛研究員傑森・洛厄理（Jason Lowery）少校，在其新書《軟戰爭》（Softwar）[17]提出一嶄新理論：比特幣代表了未來的數位戰爭形式——透過比特幣的工作量證明投射實體的國家力量，並督促美國政府儘早投入比特幣挖礦，儲備戰略資產，否則等同放棄國際大國的主導地位。

若中央銀行將部分黃金儲備或是外匯存底轉換為比特幣，則比特幣將成為戰爭保險，敵人縱使可以占領烏來搬走實體黃金，也無法撼動數位黃金，也能防止台灣人民過去數十年來努力打拚所存下的外匯存底，在戰爭風險下付諸通膨流水。

我們需要好的領導者，創建一個彼此信任的環境，我們不需要掌控所有事物的政府。

我們也必須誠實面對，台灣有許多弱點，是敵人可以利用，而我們必須想辦法填補。

可能多數人還沒有意識到，台灣有許多面向需要比特幣。

比特幣挖礦，可幫助再生能源的擴張。

比特幣儲備，可成為台灣戰爭的保險。

比特幣支付，可達到普惠金融，並免除 CBDC 對人民隱私權的侵害。

人民的選擇

我的加密律師工作，讓我看遍了世界各國的加密監管制度，我發現到，除了專制國家外，監管制度有脈絡可循，而其關鍵來自於人民。

新加坡曾是一個窮困的漁村，因為擁抱自由貿易與法治，以及一群信賴政府的人民，六十年後成為現在的新加坡，國際貿易、工業、金融的樞紐之一。

薩爾瓦多就跟六十年前的新加坡一樣，不只最貧窮，更是犯罪率最高、人民生活最危險的國家之一。

因為一群信賴政府、想要改變的人民，授權了領導人，採用率先擁抱比特幣的國家政策，並在二〇二一年九月正式採用比特幣為法定貨幣。

這個舉措激怒很多人，世界銀行（World Bank）、國際貨幣基金組織（IMF）多番警告，唱衰者數不清，甚至引起來許多「黑粉」，專門唱衰薩爾瓦多。

但根據薩爾瓦多央行公告，該國GDP在二〇二一年攀升了百分之一〇．三，創下歷史新高，首次在一年內實現雙位數增長。

對比一下，越南的GDP是百分之二．五，台灣是百分之六．五，新加坡是百分之七．二，中國是百分之八．一。

IMF對薩爾瓦多的經濟評估於二〇二三年初的報告改口，表示儘管存在比特幣的風險，但薩爾瓦多的經濟已完全恢復到疫情大流行前的水準，並預估該國實際GDP成長率，在二〇二三年將增長百分之二．四，高於歷史常態。

成為下一個新加坡

比特幣正在成為世界貨幣的路途上。

薩爾瓦多率先擁抱比特幣，以及頒布各種比特幣戰略政策，未來十年比特幣增長下，薩國將成為最直接的受益者。

我認為，薩爾瓦多將會躋身世界最富有的國家之一，成為下一個新加坡。

加密貨幣產業需要監管、需要法律制度，包括當人民選擇使用比特幣、加密貨幣時，我們的法律制度必須回應人民的選擇，法院必須協助民眾解決加密貨幣糾紛，國稅局必須訂定出合理的課稅基準，更重要的是，當比特幣的存在成為現實，我們需要什麼樣的比特幣國家戰略？把它視為洪水猛獸？還是加以利用？

第三章
加密罪惡

現代鍊金術

很多人不敢開口談「加密貨幣」、NFT，因為這個產業的原罪，就是詐騙特別多，若你說要推廣虛擬幣，別人很容易就懷疑你，或是直接把你當騙子。

我認為，世界各地都需要比特幣的基礎教育，屏除浮誇、投機的事，用正確、中性的態度瞭解課本沒教的世界，從比特幣來讓初學者了解，是一個很好的開始。

不過同時，黑暗面也存在，區塊鏈技術、智能合約的發行，讓代幣發行成為一種現代鍊金術，各式各樣的罪惡也暗藏其中。

代幣鍊金術

ICO，也就是加密貨幣（或稱代幣）的首次發行。ICO的主要目的就是募資，讓一項開源的網路專案，可以提早進入到群眾，人人可以加入，人人可以支持，包括掏錢（幣），也讓 ICO 脫離傳統向公眾集資需要受到法規、監管的枷鎖，我稱之為現代鍊金術。

「ICO 有趣的地方在於，它讓創新的項目得以貨幣化，這在過去並不常發生，我也是透過 ICO 的方式創造了以太坊。」

——維塔利克・布特林（Vitalik Buterin），以太坊創辦人

典型的 ICO 項目，由發起團隊發布白皮書，向眾人訴說預期發行的區塊鏈公鏈項目的願景，並運用區塊鏈技術發行自創的加密貨幣，同時也將新發行的代幣分配給不同角色，包括核心團隊、開發者社群、投資者，有些會直接空投給特定對象的幣圈社群，中間不經過任何政府、監管單位。

ICO 產生了大量監管的套利。

一般公司的 **IPO** 融資（**Initial Public Offerings**，首次公開發行）取得的是所有權，投資人可以獲得公司的有價證券（股票）作為表彰其權利的依據，中間需要經過層層的法律、監管單位把關，包括事前申報許可、公開募資說明

書、會計師查核、律師出具適法性意見書等。

相反地，在過去只要是ICO，就好像完全不需要經過監管。

為了避免ICO套利持續發生，有些國家直接禁止ICO發行，例如南韓、中國。

大多數國家會進一步區分ICO代幣的性質，若屬於有價證券，則仍然需要依照既有證券法令監管，例如美國、台灣，而新加坡、日本會進一步區分是否屬於「支付型」代幣，而有相對應不同的監管法令。如果既不是有價證券、也不是支付型代幣，而是一種功能型代幣，則是取得「使用權」，投資人可購買特定團隊所發行的代幣，取得該事業服務或是區塊鏈公鏈的「使用權」，例如以太坊的「NFT鑄造服務」。

投資與詐欺

ICO 投資與 ICO 詐騙二者不容易區分，已經有大量不肖犯罪集團，利用 ICO 進行詐騙，發行實際上只存在於區塊鏈的空氣代幣，而實際上沒有任何用途，本質上只是騙取你財產的手段而已。

國際上的犯罪趨勢也是如此，二〇一七年的 ICO 活動超過八成都是詐欺[18]，二〇二〇年受害者總計損失十三．六億美元中，詐欺和盜用占總價值的百分之九十八，接近十三億美元。此類型騙局並非以太坊智能合約功能所獨有，但是由於有百分之八十二的 ICO 建立在以太坊區塊鏈上，因此很快成為犯罪者的首選。

除了假投資頁面等網路詐騙外，其他常見的詐騙類型還包括龐氏騙局，也就是精心策劃的長期老鼠會，例如這個驚心動魄的故事[19]：Plus Token。

故事發生於二〇一九年，由 Plus Token 聯合創始人 Leo 宣稱要打造一個區塊鏈雲端挖礦池，然而這是個偽裝成高收益投資商品的龐氏騙局。該案主要投資者在中國和南韓，提供每月百分之九至百分之十八的投資回報率，投資越多可獲得更多回報。

Plus Token 創始人 Leo，後來被發現只是被傳銷集團包裝出來的假身分，這個自稱「前 Google 演算法研究員」的 Leo，實際上是湖南長沙某大學的小留學生，於二〇一五年九月前往中國讀書。

Plus Token 假裝資金用於開發與加密貨幣相關的產品（例如 Plus Token Wallet 和 Exchange），從而保持了可持續業務的錯覺。同時，Plus Token 還具有很強的傳播性，它向將該計畫推薦給朋友和家人的任何會員提供豐厚的獎勵，最後統計，全球註冊會員帳戶達二百六十九萬個，多層次傳銷層級最高達三千二百九十三層，一百多個國家受影響。

這場騙局讓不知情的加密貨幣投資者損失至少高達四十二億美元的資金，占整年犯罪金額的百分之六十四，是史上規模最大的傳銷騙局。後來有一百零九人因 PlusToken 計畫而遭到中國政府逮捕，被中國政府扣押的贓款包括十九萬四千七百七十五顆比特幣，中國因為本案，成為全球比特幣持有量數一數二高的政府。

NFT

前文提到，非同質化代幣（NFT）廣泛運用於數位藝術、收藏品、域名、企業行銷等新興領域，並成為元宇宙數位資產的基礎技術之一。現在，連 NFT 也成為鍊金術的一環。

NFT 犯罪態樣

依據區塊鏈分析公司 Elliptic 於二〇二二年八月發布的「NFT 與金融犯罪報告」（下稱「NFT 犯罪報告」），統計對於 NFT 持有者的攻擊方法，主要包括：釣魚詐騙連結、惡意網站，以及利用加密貨幣錢包出現的漏洞進行攻擊。依據該報告數據，犯罪活動有持續走高的趨勢，光是二〇二二年七月 NFT 被盜數量就達到四千六百個，為盜取 NFT 犯罪數量最多的月份，另外有百分之二十三是由於項目方 Discord 遭駭或發出釣魚訊息、點按惡意連結而被盜取 NFT[20]。

類型上，網絡釣魚詐騙是在 NFT 社群中可觀察到的最常見的犯罪手法。

假 NFT

班克斯（**Banksy**）是一位居住在英國的化名街頭藝術家，他的作品《*Love is in the Air*》此前曾以一千二百九十萬美元的驚人

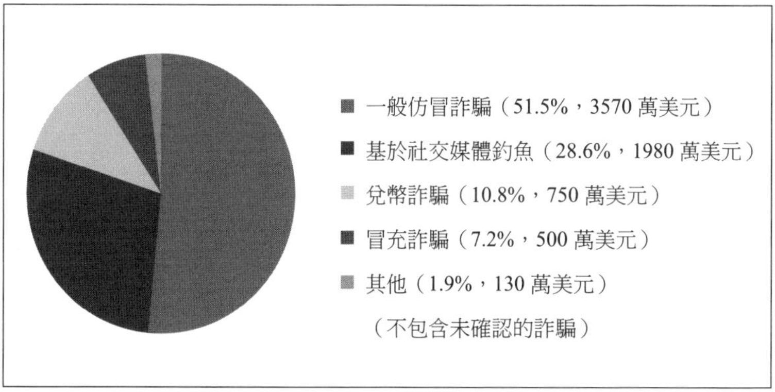

圖 1：依據 NFT 犯罪所失金額識別犯罪類型分布[21]。

天價售出，甚至要被發行為 NFT，並被分割為一萬個出售。

這位難以捉摸的藝術家，其真實身分仍然未知，更增加了這件藝術品的神秘感和陰謀論。

與其他藝術家一樣，班克斯有一個網站，用於展示他的作品集，這就是假班克斯 NFT 騙局發生的地方。

一位名叫 **Pranksy** 的知名 NFT 收藏家正在瀏覽 Discord 頻道時，有人分享了指向班克斯網站的連結，通知他班克斯已經創建了一個名為「NFT」的新頁面。

該頁面包含一個 B 網站鏈接，B 網站正在進行一場 NFT 線上拍賣，拍賣標的是一個 NFT，名為〈偉大重分配：氣候變遷災難〉（*Great Redistribution of the Climate Change Disaster*）。

經過一番調查後，Pranksy 認為這是班克斯網站發布的，應該是班克斯本

圖 2：一名駭客用這張假 NFT 欺騙英國收藏家，使其購買這幅假的班克斯作品[22]。

人第一個數位藝術創作，因此決定以一個遠高於其他競標金額的價格出價，拍賣很快就結束了。

就像是《寂寞拍賣師》（*The Best Offer*）的情節一般，男主角佛吉爾是一名藝術品拍賣師，品味獨特、性格複雜，有著近乎潔癖的生活習慣，並且擁有一個收藏了數百幅各時期女子肖像畫作的房間。神祕女子克蕾兒出現後，佛吉爾無法自拔地愛上她，一步步陷入騙局，最後，他驚覺自己那間容納了數百幅作品的收藏室，只剩下空無一物的牆面，與灰塵累積出的痕跡。

Pranksy 總共為該 NFT 支付了約三十三萬六千美元，但隨後他意識到，原本 NFT 拍賣的所有痕跡突然不見了，並從班克斯網站上消失，彷彿一切都沒有發生過，他開始懷疑這個 NFT 拍賣是否存在欺詐行為。

班克斯官方表示，作者本人從未在 NFT 上發布任何作品，這款 NFT 也並非班克斯著作。

真正的策劃者，此時已經一走了之，而且任何人都無法取回資金。

我們到現在還不清楚這起事件，是某駭客劫持班克斯本人網站後精心策劃的騙局，或者只是個小小的玩笑，最後據說 Pranksy 有拿回資產，但各種 NFT 的鍊金騙術仍在持續。

抽地毯

另一種典型詐欺是抽地毯（Rug Pulls），詐騙方式為：事前在智能合約中植入惡意程式碼，並在去中心化交易所上創建流動資金池，然後將發行的新代幣與其他主流加密貨幣建立交易，以虛假、人為製造大規模交易量誇大代幣價值，吸引散戶投資者後，便快速拋售代幣，短時間使代幣價格迅速歸零。

類似的手法在NFT項目裡經常出現，例如《Frosties》NFT項目，項目坊於二〇二一年九月起不斷對外宣傳，包括該計畫允許NFT所有者分享所產生收入的質押功能、一款元宇宙遊戲等，吸引投資人購買，並在二〇二二年一月

圖 3：美國司法部逮捕了《Frosties》NFT 項目的創作者，他們（平均年齡 20 歲）突然關閉 Discord 並帶著價值超過 110 萬美元的以太幣消失[23]。

完售八千八百八十八個NFT，短短幾個月獲利超過約一百三十萬美元。

在完銷不久，項目方快速將所有銷售獲利從項目方專用錢包轉出，並宣布停止經營該項目，導致該NFT價值直落，投資人欲哭無淚，才發現是一場抽地毯騙局。

多少罪惡與貪婪，化身為代幣與NFT，成為現代的虛假鍊金術，一有不慎，我們都可能誤入。

內線消息

除了詐欺的問題之外，NFT也出現內線交易的可能性，全球最大的NFT交易網站OpenSea平台，禁止職員利用職務之便，或濫用身為內部人而掌握NFT相關機密資訊。然而，有OpenSea員工以其特定身分知悉某些NFT未來的行銷布局，並利用職務的便利挑選可能大賣的NFT，並於正式推出前便進場買下，獲取大量個人不法利益，已明顯違反應遵守的職業道德，該人員目前因涉嫌觸犯電信詐欺和洗錢罪而遭逮捕並起訴。

以證券交易法的角度，該員工確實有違反內線交易的疑慮，但或許是因為NFT尚未被正式認可為有價證券，因此本案調查由聯邦調查局（FBI）主導而非美國證券交易委員會（SEC），目前可確定的是，NFT法律定性未臻明確，如此一來即不受證券交易法規範。

洗錢

以往常見的洗錢手法是「購買藝術品」，透過藝術品的買賣獲取乾淨的錢，而NFT最初就是以藝術品的形式問世，非法份子利用非法資金流入去中心化的資金池便難以追回、舉證的特性，很快就在NFT交易平台上活躍，因點對點、可跨境、不可逆等特點，大大提升洗錢防制之難度。

依據國際防制洗錢金融行動工作組織（Financial Action Task Force, FATF）發布的《虛擬資產與虛擬資產服務商之風險基礎指引》，認為「虛擬資產具有可交易或移轉並用於支付或投資的內在價值」，因此應被推定為屬於 FATF 國際標準的範圍，若 NFT 的性質及其功能用於支付或投資目的，則可能屬於虛擬資產的定義。

舉例而言，洗錢者僅需兩個帳戶，一個帳戶存有非法資金，另一帳戶發行 NFT，以買賣藝術品的名義，用非法資金購買發行的 NFT 完成洗錢的同時創造該 NFT 具高價值的假象，再將該 NFT 售出脫手，即為多個帳戶重複出現同一筆交易的態樣，或是低價 NFT 短時間內買進賣出，都可能是存有洗錢活動的徵兆。

區塊鏈的次級品

剛剛講到的，本質上是一場犯罪，最初就是想要騙走你的錢。這篇講的不一樣，因為創始者心裡想的，可能是改變世界，而不是想騙錢，但結果可能更慘烈。

FTX 交易所與其創辦人山姆・班克曼-弗里德（Sam Bankman-Fried，SBF）的故事就是如此，SBF 創造了一系列「區塊鏈的次級品」，夢想著改變世界，但最後結果，是犯下一場滔天罪惡。

SBF 於二〇一七年成立加密貨幣交易公司 Alameda Research 後，接著創辦數位資產交易平台 FTX，FTX 把交易平台更加專業化，更適合專業交易員操作，並且交易商品多元，很快打出名號，市占率持續提升。另外，FTX 交易所發行了平台幣 FTT Token，主要功能是折抵在 FTX 上的交易費用、作為合約抵押品以及增加保險額度，後期隨著時間發展，FTT 的用途變得更加廣泛。

隨著加密貨幣圈快速發展，FTX 的交易量急速上升，成為世界第二大加密貨幣交易所，僅次於幣安（Binance），連帶使得 FTX 發行的自家平台幣 FTT 的表現也相當亮眼，從二〇二一年初的五．七八美元，一路攀升到最高八十美元。

後來加密貨幣媒體《CoinDesk》獨家披露了 Alameda Research 的財務狀況：

Alameda Research 的資產總額為一百四十六億美元，包括：

- 三十六．六億美元的解鎖 FTT（意味可以變現）。
- 二十一．六億美元的 FTT 抵押品（當資不抵債時，會遭借款人拍賣清算）。

Alameda Research 有八十億美元負債，除了七十四億美元貸款，還包括二．九二億美元鎖定的 FTT（意味無法交易）。

Alameda Research 資產負債表上的其他重要資產，包括：

- 二．九二億美元的解鎖 SOL（SBF 主導發布 Solana 公鏈的原生代幣 SOL，Solana 號稱以太坊殺手）。
- 八．六三億美元的鎖定 SOL。
- 四千一百萬美元的 SOL 抵押品。
- 二十億美元的股票投資。

其實公開消息面上，只透露了 FTX 的母公司 Alameda Research 的財務狀況非常糟糕，大多都是憑空發行的 FTT，且許多代幣處於未解鎖，無法套現，但並未接露 FTX 交易所本身的財務狀況。不過光看 Alameda Research 自身財務，該公司把自己憑空創造出來的代幣，再拿去質押借錢。而有許多人指出，FTX 挪用用戶的資金，進行槓桿。

最後，整場風暴始於幣安創辦人趙長鵬在 Twitter（現名 X）上的一則推文（如圖 4）。

所有市場的恐懼、不確定性、猜忌一夕間爆發，FTX 正式遭全球用戶擠兌，將所有 FTX 的資產出金，短短兩天內，有高達六十億美元的出金，也拖垮了 FTX 所有流動性，無力償還用戶的出金請求，並暫停所有加密貨幣錢包提款，所有已申請的鏈上提款請求遭到擱置，同時 FTT 代幣的市價，一路崩跌百分之九十，只剩不到三美元。

最後，FTX 交易所於二〇二二年十一月十一日申請破產保護。

至此，大家發現到，一個全世界巨鱷交易所、一個不可一世的 FTT 平台幣，被一則 Twitter 推文打倒了，短短不到六

CZ 币安
@cz_binance
作为币安去年退出 FTX 股权的一部分，币安收到了大约 21 亿美元等值的现金（BUSD 和 FTT）。由于最近曝光的消息，我们决定清算我们账面上的任何剩余 FTT。1/4
晚上 11:47 · 2022 年 11 月 6 日 · iPhone 版推特
4,787 转推　2,614 引用推文　22.2K 喜欢
金色财经

圖 4：幣安創辦人 CZ 這一則貼文，引發 FTX 全球擠兌爆雷[24]。

天，帝國崩塌，全球投資人的資產都卡在裡面，包括新加坡主權基金淡馬錫，也包括大量台灣投資人。

FTX事件是我律師生涯裡，遇到最嚴重的倒閉事件，比任何一件都還糟。FTX倒閉後，我有整整兩個月的時間，我認為不是法律諮詢，而是在「心理諮商」，因為有太多個人、公司的錢或幣卡在FTX裡，有錢的牙醫、中小企業老闆的三十萬美元、一百萬美元，到私募基金、加密貨幣場外交易商的三百萬、五百萬美元都有。

「果殼，我的錢還拿得回來嗎？」每個人都這樣問我。

更糟的是，連鎖骨牌效應開始發生，市場上幾乎找不到一家平台是沒受到影響的。之前被FTX收購的BlockFi，以及其他曝險過多的平台也隨即宣布倒閉，新加坡淡馬錫國家主權基金認列大額虧損，所有交易平台開始被迫進行資產透明化的宣告，以嘗試挽回用戶的信心。經過FTX發布其債權人清單，你會發現全世界最有權有勢的人、機構都是受害者，甚至包括法律事務所。

在FTX事件前，有一位A客戶委託我進行一項法律意見書及市場監管分析的報告，我跟我的團隊如火如荼地進行，提交了初稿後，確認過客戶的需求，開始嘗試完稿這項工作。原本一切都很順利，直到FTX事件發生，市場謠傳A客戶資產大量曝險FTX，接著一些不好的新聞出現。我也很擔心，但A客戶並沒有指示要變更工作，我只能在約定的工作期限內，繼續埋頭作業，邊看著事態持續向下。

最後，我的法律意見書完成，客戶也不幸倒閉了，意見書成為陪葬A客戶的紀念品。

由單一機構發行的代幣，是一種可以被操控、關閉、甚至消失的數位產品，只能說是區塊鏈下的次級品。它可以憑空變出大量市值與金錢，也可能一夕消失。

傻瓜才用幣洗錢？

「我們可以透過區塊鏈追蹤資金，我們不會讓加密貨幣成為洗錢的避風港或沒有法紀的區域。」

——柏萊特（Kenneth Polite Jr.），美國司法部刑事司助理部長

先講一個故事：

美籍俄羅斯人李赫登斯泰（Ilya Lichtenstein），是一名成功的創業家，不僅入選 Y Combinator 新創加速器，還是新創加速器 500 Startups 的創業導師，他的妻子摩根（Heather Morgan）則是一名業餘饒舌歌手，以「Razzlekhan」為名在抖音（TikTok）與 YouTube 等平台發表作品。然而，兩人卻在二〇二二年二月八日早上於紐約曼哈頓被捕，罪名是涉嫌以加密貨幣洗錢。

原來，這對夫婦，在六年前偷了一大筆比特幣。

事後追查發現，駭客總共從 Bitfinex 交易所偷走約十二萬顆比特幣，當時等值約七千一百萬美元，是當時被駭金額第二高的竊盜案，按照目前價格計算約等於四十五億美元。

根據美國司法部的調查報告，駭客從二〇一七年開始透過暗網、混幣器和禮品卡等方式，試圖將比特幣變現。同時，駭客還開了一家打擊網路犯罪的新創公司，妻子摩根還發表了一篇文章〈保護您的企業免受網路罪犯侵害的訣竅〉，以各種五花八門的方式掩人耳目。

但這一切都沒有用，六年後，美國執法部門查獲其中的九．四萬顆比特幣（約三十六億美元），取得法院搜索票後，從李赫登斯泰的雲端文件找到比特幣錢包私鑰，並合法扣押，並正式逮捕這對現代鴛鴦大盜。

在竊盜犯罪發生六年後，還能夠找回百分之九十的錢，並抓到犯人，這在過去是不可能發生的事，但在區塊鏈網路世界是很正常的，因為所有交易都是公開，只要執法單位想要，不論多複雜，幣流都可以被追蹤，並利用任何網路上的蛛絲馬跡連結到本人。

這個故事告訴我們，用比特幣洗錢，反而提供警方各種線索，讓犯罪者更容易被找到。

被高估的加密貨幣洗錢？

加密貨幣成為大量洗錢工具的印象，跟總量有關。知名幣流調研機構 Chainalysis 二〇二三年虛擬資產犯罪報告[25]指出，「整體而言，非法錢包地址在二〇二二年發送了價值近二百三十八億美元的加密貨幣，比二〇二一年增加了百分之六十八。」

不過從數字也可以證明，加密貨幣成為洗錢工具的印象，可能被高估了。

Chainalysis 二〇二二年虛擬資產犯罪報告指出[26]，加密貨幣的採用量正在

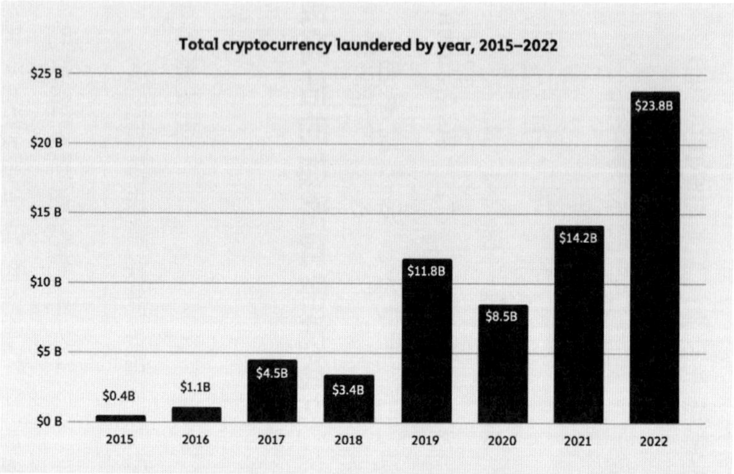

圖 5：不法行為占比整體加密貨幣交易總量。隨著合法加密貨幣使用的增長遠遠超過犯罪使用的增長，非法活動在加密貨幣交易量中所占比例其實非常低[27]。

以前所未有的速度增長，二〇二一年的總交易量增長了百分之五百六十七，達到十五・八兆美元，比二〇二〇年的總額增長了近六倍。

此外，二〇二一年犯罪活動僅占所有虛擬資產交易的百分之〇・一五，相較二〇二〇年的百分之〇・六二有所下降；對比一下，聯合國毒品和犯罪問題辦公室（United Nations Office on Drugs and Crime）報告顯示[28]，**法幣仍是洗錢的主要工具，傳統金融體**

系每年涉及大約二兆美元（約為世界 GDP 百分之五）的法幣洗錢，兩者差距可見一斑。

尤其當各國開始落實洗錢防制後，錢包實名制開始普及，錢包、幣流跟本人的名字更容易結合，打擊犯罪的效率大大提高，輔以跨國合作執法（尤其是美國、日本這種可以「長臂管轄」的強國），現在可以說，只有傻瓜才用比特幣洗錢。

台灣也是如此，行政院正式發布行政院令，依《洗錢防制法》第五條第四項指定「虛擬通貨①平台及交易業務事業之範圍」，行政院指定的「範圍」總共有五大類，並與防制洗錢金融行動工作組織（FATF）發布的加密貨幣反洗錢建議指引大致相同：

---

①台灣政府將 Virtual Asset 翻譯為「虛擬通貨」，並定義為：指運用密碼學及分散式帳本技術或其他類似技術，表彰得以數位方式儲存、交換或移轉之價值，且用於支付或投資目的者。但不包括數位型式之新臺幣、外國貨幣及大陸地區、香港或澳門發行之貨幣、有價證券及其他依法令發行之金融資產。

1. 虛擬通貨與新臺幣、外國貨幣及大陸地區、香港或澳門發行之貨幣間之交換；
2. 虛擬通貨間之交換（前兩種業務，典型如幣交易所、場外交易商）；
3. 進行虛擬通貨之移轉（類似銀行或股票債券的集中保管結算所角色，只是標的變成幣）；
4. 保管、管理虛擬通貨或提供相關管理工具（典型如幣的託管業者（私鑰託管），更可能擴大適用於提供錢包工具等服務的公司②）；
5. 參與及提供虛擬通貨發行或銷售之相關金融服務（類似承銷商角色）。

這項命令自二〇二一年七月生效，業者應於行政命令生效前完備相關KYC、AML等因應措施，包括對用戶落實實名制，否則可能有遭受行政罰鍰及刑事責任的風險，而全世界的政府都在進行類似舉措，用幣洗錢，變得更容易被查獲，而實際上，我們人人都可以變成新世代的偵探。

人人都是偵探

市面上有許多幣流追蹤系統，可透過區塊鏈公開帳本進行幣流分析，並發現相關錢包的實際資金流向。接下來我以比特幣基金會（bicoin.org）所有的錢包地址③（「A 地址」）為例，用市面上一款幣流追蹤工具 Bitquery④，教你怎麼成為幣流洗錢偵探：

---

② 台灣立法時，因為把「提供相關管理工具」限縮於「為客戶保管私鑰」，因此原則上不適用於「非託管型」錢包，例如 Metamask，不過這種解釋其實與 FATF 的建議指引原文不符。

③ bitcoin.org 是第一個 Bitcoin 所使用的原始網域名稱，它由比特幣核心（Bitcoin Core）開發人員與其他的社群成員所註冊，現在仍由他們管理，Bitcoin 社群對它亦有投入。bitcoin.org 並非一個官方網站。就像沒人擁有 email 技術一樣，也沒有人擁有 Bitcoin 網路。因此，沒有人可以用 Bitcoin 官方代表的身分來發言。bitcoin.org 的公開錢包位址為：3E8ociqZa9mZUSwGdSmAEMAoAxBK3FNDcd，任何人均可以捐獻比特幣給該組織。

④ bitquery（網址：explorer.bitquery.io）是一個可視覺化的鏈上幣流追蹤工具，可以查詢公開錢包位址的幣流，使用簡易，而且目前仍免費使用。

查詢錢包概況

第一步，不論是罪犯、商人或其他使用者，我們都需要取得對方的錢包地址才能進行幣流追蹤。以比特幣基金會為例，A 地址是公開給全世界捐款，因此我們輸入 A 地址，可以查詢到目前該地址近期收受、打出的比特幣總數、最近一筆交易時間，以及所有交易紀錄（Transaction）。

1 找到幣流

因比特幣網路的特殊「找零機制」，特定比特幣的交易，將被比特幣網路系統自動分拆為多筆，以保護用戶隱私（例如一筆 1BTC 交易，會分拆為：0.1BTC、0.1BTC、

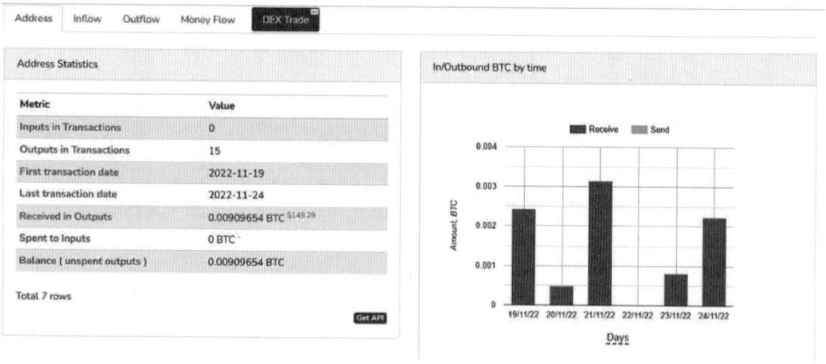

圖 6：利用區塊鏈的公開交易帳本，可以輕易地視覺化鏈上幣流及打造幣流追蹤工具，打擊犯罪[29]。

0.8BTC，合計為 1BTC），並分別轉入三個錢包位址（包含主錢包及找零錢包）。透過比特幣交易追蹤分析系統，可發現在特定時間內，發送比特幣給 A 地址的其他人（其他地址）。

2 分析特定幣流

接下來可透過分層幣流查詢的方式，鎖定某一錢包進行下一階層的查詢。以下以「bc1qkz」錢包（下稱「B 地址」）為例，發現到 B 地址曾經有跟 Coinbase 交易所錢包有過往來，代表 B 地址應為 Coinbase 交易所的用戶之一。

3 找到本人

按照現行國際上落實反洗錢措施的趨勢，各交易所均有落實用戶實名制，因此透過司法機構函詢特定交易所，或是相關犯罪偵防的司法互助合作，可以獲得特定錢包之自然人實名制資料。

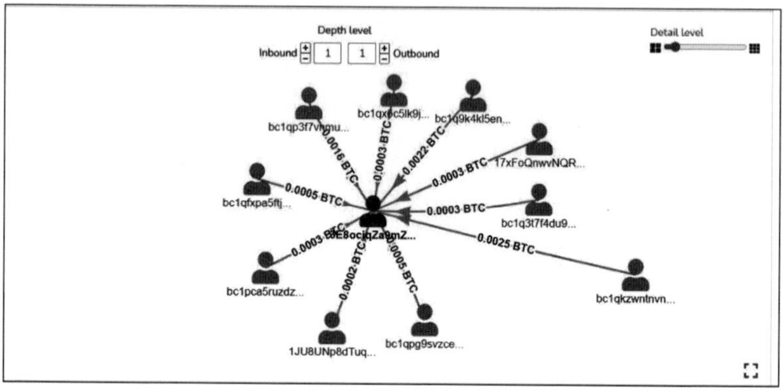

圖 7：找到幣流。

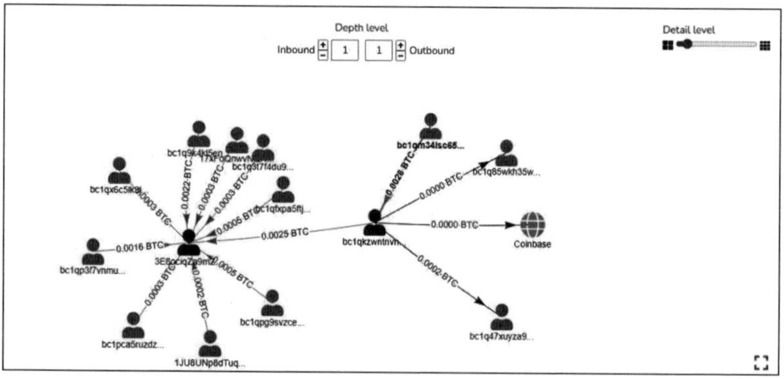

圖 8：分析特定幣流。

依此類推，若可獲得犯罪人或被害人的錢包地址，透過幣流分析及交叉比對資金來源，可以找到疑似犯罪者使用的特定錢包，以及透過與交易所合作，有機會可以得知犯罪人的實名制資料。

好處與難處

在洗錢犯罪實務上，證明自己沒有犯罪是最困難的。當某一被害人向幣商買幣，幣商並依被害人指示轉幣給詐騙集團，在這種情境下，如果是司法單位偵查，幣商通常會被懷疑根本與詐騙集團是同一夥，或是涉及幫助洗錢。

如果幣商無法交代完整幣流，或沒有其他證據可跟詐騙集團劃清界線，那麼幣商可能就會被法辦起訴。這時透過區塊鏈的公開交易與幣流分析，至少幣商有額外的機會來證明自己的清白（只是單純買賣加密貨幣給買家），而不是詐騙集團，或有幫助洗錢的「故意」行為。

人人都可以是反洗錢偵探。除了直接竊取別人的加密貨幣，而非用加密貨幣來洗錢不可，如果你是罪犯，你還會考慮用加密貨幣洗錢嗎？可能要再多想一下。

理論上，只要有犯罪人敢用加密貨幣洗錢，就有機會找得到人。但根據我的經驗，現實上還有其他關卡：偵查機關的「調查能量」、跨國執法的司法互助機制、法院的收發文件難度等。

以美國而言，其執法單位有最強大的幣流追蹤軟體、跨國調查支援能量，以及跨國執法可能。因此，只要是任何涉及美國的加密貨幣洗錢，那麼將罪犯繩之以法就只是時間問題。

例如過去 Tether（USDT 美元穩定幣發行商）的母公司 iFinex，過去曾把法幣金庫設在台灣，而又因自身涉及數起洗錢和金融違規案件，牽連多家台灣本土銀行，後來二〇一七年三月中，美國銀行巨頭富國銀行（Wells Fargo）告知第一、台新國際、凱基、華泰等四家台灣本土商業銀行，立刻切斷與 iFinex 的美元交易，隨即讓 iFinex 的美元交易全部停擺[30]。

富國銀行是國際主要美元通匯銀行之一，並且受到紐約州金融服務部（NYSDFS）的監管，因此甚至不需要紐約州金融廳出馬發函，只要間接透過富國銀行，就讓位處太平洋另一端的台灣銀行全面切斷 Tether 的境外 OBU 帳戶（Offshore Banking Unit），這就是美國的威力。

其他國家就不同了，因為加密貨幣常常涉及跨境交易、複雜的金流，甚至有犯罪者會使用「混幣器⑤」來混淆幣流。台灣、韓國、泰國、東南亞等亞洲地區，不論是執法工具、司法互助及刑事法院追訴上，效率及效果都遠低於美國。我甚至看過台灣的執法單位，可能因為預算不足，只能使用最初階的 Etherscan（只能查詢以太坊錢包的公開交易網站）來調查犯罪幣流，不要說找到犯罪者本人並尋求他國司法互助、引渡，可能連重建犯罪金流都有困難。

⑤ Tornado Cash 是知名的混幣器之一，使用者將虛擬貨幣存入平台的資金池後，所有用戶存放的加幣貨幣便會全部混在一起，目的在於隱藏資金的來源與流向，防止他人查詢、編寫，並保護個人隱私，但同時混幣器也可能助長非法金流活動，讓網路犯罪變得更加難以追查。

區塊鏈與加密貨幣，確實帶來許多機會，但也伴隨著罪惡，我們不能天真地走進叢林，還需要做好相應準備。

第四章

發現新資產

以太坊危機

未來的世界會是什麼樣子？很多人說，未來的元宇宙（虛擬世界）可能是建構在以太坊之上，我們就來評估以太坊是否能擔此大任。

以太坊（Etherum），作為全世界第二大的區塊鏈網路，也是一個去中心化的電腦平台。以太坊運用區塊鏈技術來記錄、驗證和執行智能合約，這是它跟比特幣最大的不同：

1. 區塊鏈：以太坊使用區塊鏈來記錄交易和運行智能合約。
2. 智能合約：以太坊允許用戶創建智能合約，並在無需第三方干預的情況下管理和執行合約交易。
3. 以太幣：以太坊使用自己的加密貨幣以太幣來支付交易費用和獎勵礦工。以太幣可以透過交易所或挖礦獲得。
4. 礦工：以太坊過去跟比特幣一樣，需要礦工貢獻算力來驗證和處理交易，礦工會透過解決數學問題來創建新的區塊並添加到區塊鏈上，礦工將獲得以太幣獎勵作為回報（**Proof of Work, POW**）。

然而，自二〇二二年九月開始「以太坊合併」（**The Merge**），以太坊的挖礦機制正式改變，從 **PoW** 挖礦機制轉為權益證明機制（**Proof of Stake, PoS**），變得跟比特幣不同。

PoS 又稱為股權證明，也稱為持幣挖礦，是二〇一一年在 **Bitcointalk** 論壇上被提出的一種共識機制算法，是工作量證明機制 **PoW** 的替代方案。

本來的以太坊區塊鏈需要透過耗費大量的電力（顯示卡）進行演算，來實現交易的驗證跟取得區塊獎勵的權利，這些電力消耗就是所謂的工作量證明 **PoW**，**PoS** 取代 **PoW** 的目的，是減少大量運算所造成的資源消耗。

現在以太坊的共識機制，存在許多節點，節點必須質押至少三十二個 ETH（代幣），就可取得認證交易的資格，這時會出現兩個重要角色，由演算法依照一定規選出「提案節點」及「驗證節點」（**Validator**）。

規則是，持有越多代幣的節點，有越高的機會被選為提案節點，提案節點要負責提出區塊，接著該區塊會被廣播到整個區塊鏈網路中，其餘節點（Attestor）則依照持幣數量投票驗證該區塊的合理性。

驗證節點須確定提案節點提出來的區塊內容是正確的，該區塊還是要通過類複核區塊的 Hash 值、時間戳等等的細項，等到通過後才能成為鏈上的有效區塊。

上述過程不需要像 PoW 耗費大量的算力去競猜隨機數，因此 PoS 具有減少大量運算所造成的資源消耗的特性。

然而，這特性背後有些許隱憂。

PoS 更像是封閉系統

PoW 用電力投票（算力挖礦），PoS 用代幣投票（質押股票）。

電力投票的每一票，都有無法迴避的成本，電力是真實的能源，無法憑空產生。電力投票也更加公平，不需要先取得資格，任何擁有電力的人都能加入，是一個公平且開放的遊戲，是一個開放的系統。

但代幣投票不一樣，你必須先有代幣（類似股權）才能投票，本質上類似一個封閉的系統，系統外的人（非股東）無法自由加入。封閉系統就像公司股權一樣，一旦被玩家掌控了，外人很難加入競爭。

現在這個問題已經出現，轉為 PoS 權益證明機制後，以太坊區塊鏈呈現快速集中化趨勢：

目前以太坊網路有七個主要參與者，掌控三分之二質押權。

「最近生成的一千個blocks，有四百二十個都由Lido和Coinbase建立……」以太坊應用Gnosis共同創辦人馬丁・科佩爾曼（Martin Köppelmann）指出。

其中，Coinbase是全球第三大加密貨幣交易所，擁有以太坊百分之十四・五質押權，社群主導的共同質押機構Lido則擁有多達百分之二十七・五質押權。

安全性難以測量

比特幣的安全性是可以測量的，電力耗費越多，就像是由算力築起一道超高的電力城牆，記錄在Hash值裡面，保護比特幣網路的安全性，駭客或潛在攻擊者，需要耗費更多的能源成本，才可能短暫竄改、攻擊比特幣系統。

反之，我們其實無法測量一個PoS區塊鏈的安全性，不論有多少代幣發行、質押，整體代幣的市值有多高，都無法完全保證區塊鏈的安全。就像

Luna，可以一夕間產生，也可能因為代幣經濟甚或安全性問題，導致區塊鏈一夕消失。

耗電不道德？

我們平常吹冷氣、看電視、玩手機，每件事情都需要耗電，包括比特幣挖礦也是。

誰來決定耗電本身是否道德？

比特幣挖礦是高效、潔淨的工業用電之一：

1. 有高達百分之五十九．五的比特幣開採能源來自再生能源，遠高於飛機、火車、汽車產業。
2. 全世界的碳排放，僅有百分之〇．〇八來自比特幣挖礦。
3. 比特幣目前總市值約為五千億美元，比特幣網路在二〇二一年平均每季度處理四千八百九十億美元的交易，而每年耗費的挖礦電力費用約「四十億美元」。

根據台積電報告所揭露的用電量，台積電用電量年年高漲，二〇二〇年台積電扣除海外廠，在台用電量總計約一百五十五・五八億度，占全台百分之六，相當於一個首都台北市的用電量。

能源是要拿來用的，電力的用途本身是中性的，當人類選擇使用時，用道德綁架「這是浪費電」實屬無稽之談。

回到 PoS，縱使以太坊未來確實減少了能源消耗，也不會因此變得更道德。如果 PoS 為了降低能源消耗，換來的是不公平的規則、不確定的安全性呢？當以太坊需要承當的任務是人類虛擬世界的基礎建設，用安全性來交換是否值得？我認為不值得。

最大的危機

自二〇一七年以來，大家開始形成一個慣性思維：比特幣黃金、以太坊石油。意思是比特幣就是一種東西，而以太坊驅動著其他世界萬物，包括各種應用，這個慣性未來可能會被打破。

一個理性的投資人，他也會想要把龐大、昂貴的資產，放在比特幣上，或者至少跟比特幣網路產生一定的連結，來利用比特幣的穩固性及安全性。

同理，本來在以太坊玩的賽道和新應用，如果技術上可行，未來也都會想搬到比特幣上。最早的 USDT 穩定幣，也是透過 Omni 協議發行於比特幣；透過 Ordinal 協議，現在已經可以發行 Bitcoin NFT（概念上是一種獨一無二的「聰」（SAT），將圖片、文字、音樂甚至影片等內容寫入比特幣的最小單位；又因為聰上面有編號，等同鑄造了一枚不可替換、不可分割的 NFT，即 Bitcoin NFT）；現在你也可以透過 Ordinal 協議上不同的代幣標準（例如 BRC-20）發行代幣。

雖然 Ordinal 協議及 BRC-20 等比特幣其他應用，目前才剛開始，還在很早期的探索階段，但接下來我們會看到更多應用以及全新比特幣生態，並且正面跟以太坊競爭。

以太坊準備好了嗎？未來有好幾年，以太坊都會持續升級、更新，但沒有人知道以太坊會走向哪裡，V神——以太坊創辦人維塔利克・布特林（Vitalik Buterin）是否會突發奇想有新的更新路徑。我認為，以太坊還沒有準備好面對比特幣的來勢洶洶。

NFT 的前身：區塊鏈域名

當以太坊有它的危機存在，未來的虛擬世界到底會由何者來組成？我認為會從域名開始展開。在這篇章節，我們要從 NFT 熱潮來發現數位新資產。

實際上，「域名」可以說就是最古早的 NFT，而且很早就具有價值。

網域名稱系統（Domain name system, DNS）是網際網路的電話簿，讓我們每天可以正常使用網路、訪問網站的重要系統。域名就是一串人類大腦可以記憶的一串字碼（如 Google.com）指向特定的伺服器 IP 位址，DNS 將網域名稱轉換為 IP 位址，以便瀏覽器能夠載入網站。

DNS 是一套重要、有效率的系統，每天讓數十億人輸入網址，並成功地將使用者導引到他們想要去的網站。而一直以來，始終有不同的團隊、專案、開源項目，希望打造一個 DNS 的「替代系統」（Alternative System）。

Onion System（TOR network）

.onion 是一個用於在 Tor 網路上定址特殊用途的頂級域後綴，不屬於實際的域名，也並未收錄於域名根區中。ICANN①已將 .onion 指定為「特殊用途域名」，若你安裝了正確的代理軟體，即可透過 Tor 伺服器傳送特定的請求來訪問 .onion 地址。

使用這種洋蔥路由技術，可以使網站提供者與訪問者，難以被中間域名註管商或其他用戶所追蹤，保持用戶的匿名性及安全性，強調「攻擊者無法獲得全局資訊」，其開源、免費、匿名特性，獲得特定領域使用者的歡迎，常常被使用於暗網。

---

① 網際網路名稱與數字位址分配機構，簡稱 ICANN，是位於美國加州的非營利社團，主要由網際網路協會的成員組成，建立於一九九八年六月十八日，目的是接管包括管理域名和 IP 位址的分配等與網際網路相關的任務。

什麼是區塊鏈域名？

區塊鏈域名，帶來了新的域名觀念，也擴大了「IP」的範圍。簡單一句話解釋，就是將IP寫在區塊鏈「鏈上」。

首先是IP的範圍被擴張了，除了IP位址難以記憶，在Web 3.0世界，你的錢包位址就代表了你，然而錢包位址（公鑰）如同IP位址，一樣是人類難以記憶，這時可以透過一個

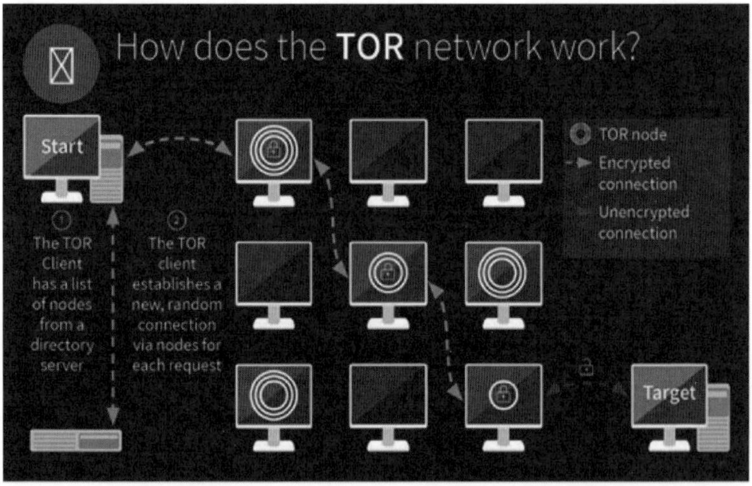

圖 1：Tor 會將使用者的網路流量，以密碼學加密後通過三個洋蔥路由器節點，再送往目標網站（Target），隱藏使用者的真正來源，三個洋蔥路由節點也僅有局部資訊，無法得知使用者的來源和目的地、也無法解析線路的完整組成[31]。

可記憶的「域名」來表彰錢包位址，並記錄於區塊鏈鏈上，無人可以竄改，甚至可以像NFT一樣被使用、移轉。

最早的區塊鏈域名系統——Namecoin

Namecoin（名幣）是最早將區塊鏈技術運用到域名的系統，從二〇一一年創立，是一開源的、具有實驗性質的區塊鏈域名系統。

Namecoin目的是保護網

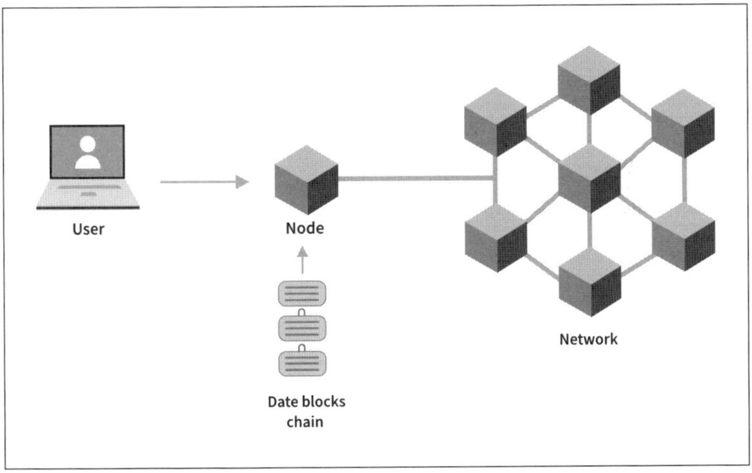

圖 2：區塊鏈是一種所有人都可以存取並分布在去中心化網路上的資料結構；資料在網路的每個節點上複製，沒有中央權威機構，每個人都可以閱讀其內容、添加數據甚至加入網路。這個概念於 2009 年首次透過比特幣實現，如今也可能在 DNS（網域名稱系統）上實現[32]。

路上的言論自由，利用去中心化的方法註冊域名及進行管理，具有去中心化、抗審查性及保護隱私的特性，以下簡要說明其特色：

- Namecoin 是利用比特幣的架構分岔出來的，可用於以安全的方式記錄和傳輸任意「域名」或密鑰。它還可以將數據附加到這些「域名」上，表示該域名可以是去中心的網址、email 地址、加密貨幣的公鑰，甚至密鑰等。
- 其頂級域名為 .bit，.bit 的域名會被永久寫到區塊鏈 Namecoin 上，不由任何人控制，可以保障網站上的發布自由。只要 Namecoin 的服務器還有人在運行，Namecoin 的域名就可以不受限制地被訪問，沒有一個中心能夠關閉它。
- Namecoin 系統支持挖礦功能，會對礦工發行作為 PoW 的代幣 NMC，在購買、註冊或續費 .bit 域名時須利用 NMC 進行。

圖 3：Namecoin 的商標[33]。

- **Namecoin.org**②則是負責管理以及註冊 .bit 的域名，而且該團隊目前仍然活躍在 Namecoin 域名的各種技術及文件更新。

目前主要的瀏覽器均不支援解析 .bit 的網址，所以也需要另外安裝外掛程式來解析，採用率也不高，然而 Namecoin 利用區塊鏈網路做開放且不可竄改的域名系統，這樣的精神，為後來的其他區塊鏈域名系統開啟先河。

接下來，我們就來看看區塊鏈域名的後起之秀，這些數位世界的新資產是否值得我們嘗試、擁有。

② 請參考 Namecoin 官網：https://www.namecoin.org/。

錢包、域名、頭像

虛擬世界裡，人們要占有一席之地，需要許多工具，包括錢包、域名與數位分身，這篇要來談目前最強大的區塊鏈域名項目「ENS」。

ENS 全名「Ethereum Name Service」，創立於二〇一七年五月，為以太坊基金會孵化的一個生態項目，ENS 是建立在以太坊上的去中心化域名服務商，ENS 可將以太坊錢包地址轉換成便於人類易於記憶和識別的字母，形成以「.eth」結尾的以太坊域名。

ENS 是一個重大里程碑，它開啟我們對於「域名」的全新認知。

圖 4：ENS 的商標[34]。

域名成為鏈上身分

以太坊創始人維塔利克．布特林（Vitalik Buterin）的 ETH 錢包地址就是一個四十二位的數字和字母表達，在 ENS 上，它可以直接轉化為「vitalik.eth」。

如果你想打幣到維塔利克鏈上轉帳，只需輸入「vitalik.eth」即可，ENS 會自動幫你找到他的地址錢包。

維塔利克並在 Twitter 發貼文表示：請停止使用「真實姓名」來指代您的護照姓名。

因此，域名成為你的鏈上身分。

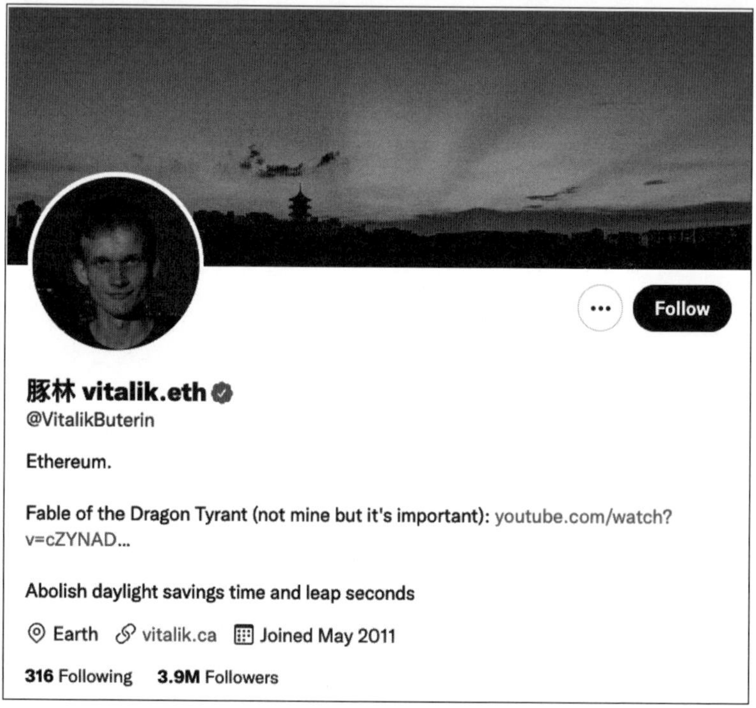

圖 5：vitalik.eth [35]。

而這個身分，伴隨了以下功能：

1 NFT

ENS 域名是基於以太坊的 ERC-721 標準建構的，所以也可以將每一個 ENS 域名視作一個 NFT。因此，你可以像持有和使用 NFT 一樣管理 ENS 域名，它同樣允許交易和轉移。

2 指向錢包地址

註冊「.eth」域名成功後，用戶可以設置反向解析，將以太坊地址轉換為域名。以我為例，我的域名「Shell.eth」，就可以指向我的「0x」eth 錢包位址。而在擁有 ENS 網域後，會需要以 ETH 支付年度續約（維持）的費用。

3 簡化鏈上轉帳支付

目前 ENS 也支持 LTC、DOGE、BTC 等地址，如果你想轉帳這些資產給另一方，不需要輸入任何地址，只需輸入對方的「.eth」域名即可。

此外，你還可以把你的域名與你的社群軟體帳號和電郵等網路帳戶互相綁定，購買的 NFT 作品地址也可記錄在域名上，或設置為你的 ENS 域名頭像。

這個 ENS 域名使用權歸你所有，你控制你的個人資料和數據，並可將其帶到你使用的每個以太坊的 DApp 應用和服務中。

與 .com 的曖昧整合？

ENS 與傳統域名系統 DNS 有本質上的不同，但 ENS 也嘗試把位於 DNS 世界（如 com/）給整合進來，因此出現一個曖昧不明的新功能，如下圖：

講白了，就是創造一個新區塊鏈域名，而其名字跟 DNS 上面的名稱一樣，但實際上，能夠解析網站 IP 位址的，只有 DNS 上的「example.com」，ENS 的「example.com」只具備前述三大功能。

但這會有很多潛在問題，

首先是域名衝突，舉例來說，如果 shell.com 與 shell.io 同時來申請導入 ENS，這時就會衝突了。

另外，此處的頂級域名結尾為何可以是 .com 而非傳統 ENS 的 .eth？這就可能會讓一般人誤解，並導致資產轉移錯誤等潛在風險。

ENS 應用現況

ENS 的知名度和採用率於二〇二二年八月達到了歷

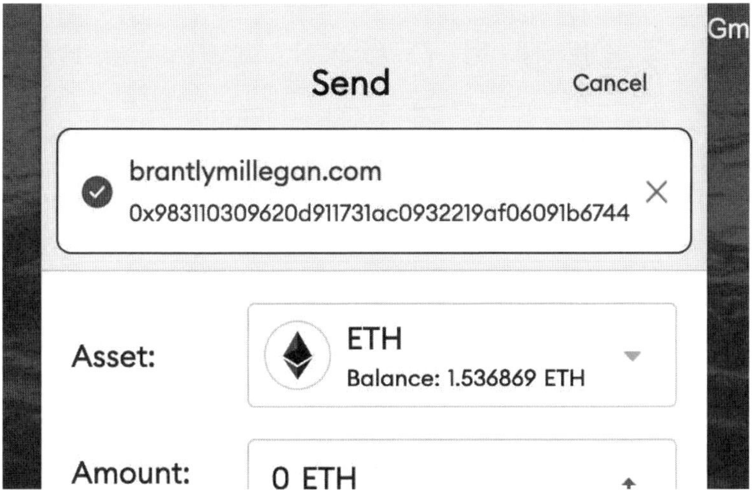

圖 6：如果你在 DNS 上擁有「brantlymillegan.com」，你可以直接將「brantlymillegan.com」導入 ENS，直接取得在 ENS 上的「brantlymillegan.com」區塊鏈域名，輸入「brantlymillegan.com」可以發送和接收以太幣等資產[36]。

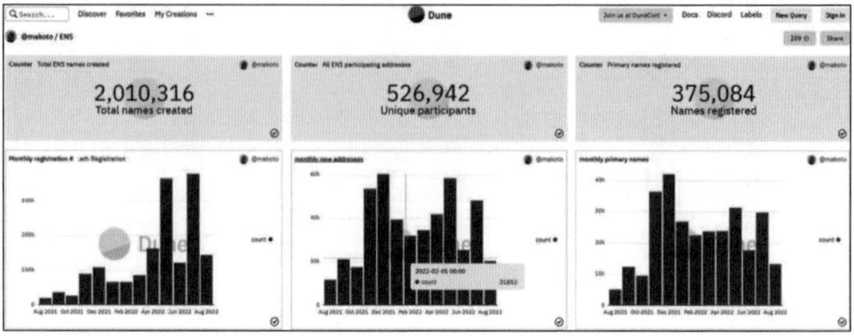

圖 7：以太坊域名服務（ENS）的註冊量以驚人的速度突破之前所創下的紀錄，達到二百萬的戰績[37]。

史最高點。大多數 ETH 錢包都支持 ENS 的區塊鏈域名，因此域名的可用性也逐步大幅提升。

從上圖可以看到 ENS 實際註冊使用者人數，近一年在熊市下仍快速成長中，註冊數超過五十萬（參與的錢包數量）。

總計被創建的 ENS 域名總數超過二百萬個，有超過三十七萬個區塊鏈域名被註冊、使用（指向某錢包位址）。

「兵馬未動，糧草先行」

ENS 就是 Web 3.0 的發展縮影，ENS 打造了新的域名世界，而我認為 ENS 就是元宇宙、

Web 3.0 的糧草，給未來數位世界提供堅實的基礎。

這是 ENS 為世界帶來的衝擊與禮物。

平行宇宙：Handshake 頂級域名

很多人期待一個平行於現實的「虛擬世界」，但追根究柢，若平行的虛擬世界能存在，它可能需要一個平行於既有系統的新東西，包括域名系統。而 Handshake 就是為了這個平行宇宙而存在的區塊鏈。

我們知道頂級域名（.com/.io/.tw）都不是一般人可以觸碰、擁有權利的，這就像是一個神秘、受少數企業和單位掌控的特殊市場。而 Handshake 要做的，就是讓頂級域名變成數位資產（廣義型態的 NFT），並且人人可以取得、使用及授權。

Handshake 的機制

Handshake 就像是比特幣網路，是一種分散式帳本、任何人皆可以加入成為節點的域名協議，每個節點都在進行驗證，並負責管理根域名檔案（roots file）。過去這個權限是由 ICANN 單一機構負責。

用白話文來說，Handshake 協議透過繞開 ICANN、替換由 ICANN 組織掌管的 DNS 根檔案系統，透過區塊鏈協議來運作根檔案（頂級域名）的管理。

這做到一件事：你可以申請任何名稱的頂級域名（Top Level Domain Name, TLD），不須經過 ICANN 組織審核、繳交十八萬美元申請費，而是透過 Handshake 域名競標公開程序，來取得記錄於 Handshake 區塊鏈帳本的頂級域名。

頂級域名可以源源不絕出現，舉例而言，目前 HNS 上熱門的頂級域名，都是一些很短、特定類別的「名詞」，像是「crypto/」、「wallet/」「P/」，從 Handshake 的邏輯，你可以看到：exchange.crypto/、your.wallet/、I. P 的網域出現，並且被使用於指向 IP 位址及錢包位址。

Handshake 改變了什麼？

傳統的 DNS 網站解析流程，可以分成八大步驟：

1. 使用者在網頁瀏覽器（browser）鍵入「Shell.com」，DNS 遞迴解析程式（recursive resolver）接收。
2. 解析程式查詢 DNS 根伺服器（root server）。
3. 根伺服器搜尋根檔案（root file）有關頂級網域（.com）的 IP 位址，並回應解析程式。
4. 解析程式向 .com 頂級域名伺服器（TLD Nameserver）發出請求。
5. 頂級域名伺服器使用 .com 的 IP 位址進行回應。
6. 解析程式將查詢結果傳送到次級域名伺服器（Subdomain Nameserver）。
7. 接著「Shell.com」的 IP 位址從次級域名伺服器傳回該解析程式。
8. 解析程式傳送 IP 位址回應網頁瀏覽器。

Handshake 改變了什麼？

Handshake是一個類似比特幣的區塊鏈公鏈，但還是有其差異性。首先每一個Handshake「節點」（HNS node）有兩項重要功能，改變了上述DNS八大步驟，並簡化為六步驟：

1 **HNS node具備解析程式（recursive resolver）及根伺服器（包括備份root file）的功能**。因此，所有頂級域名的IP位址電話簿，將同步儲存備份於HNS的分散式帳本內，而瀏覽器只要透過HNS node，可以直接接收頂級域名的IP位址，取代傳統DNS的步驟2及3，其餘完全相同。

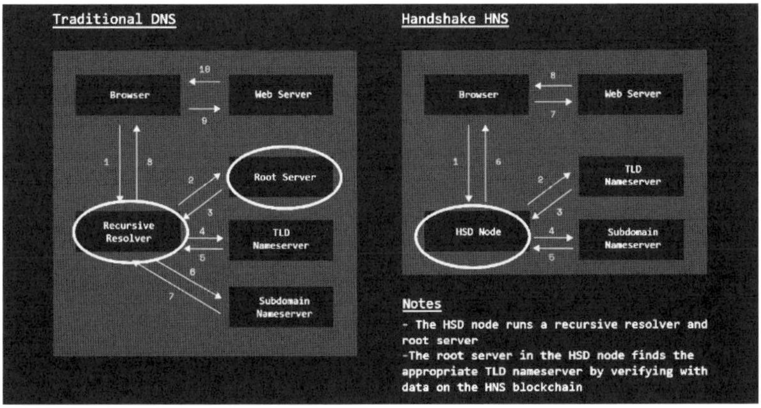

圖 8：傳統 DNS v.s Handshake HNS [38]。

2 換言之，對於整個 DNS 步驟而言，維持了 DNS 分層式訪問架構（先訪問 TLD Nameserver，再訪問 Subdomain Nameserver），只是 root server 由 Handshake 區塊鏈節點取代。

改變可能嗎？

答案是可能的。

我們知道，目前瀏覽器的設計是內建解析程式，域名的核心，是要讓瀏覽器可以解析到 **IP** 位址。因此，瀏覽器如果能夠解析到 **Handshake** 的域名（背後頂級域名的 **IP** 位址），那麼就可以按照既有 DNS 的流程，解析到網站。

現在有多種方式可以使用 **Handshake** 域名（創建一個去中心化網站[39]），但 **Handshake** 網域仍不能直接使用在 Chrome 和 Safari 瀏覽器上。然而，已有部分瀏覽器原生支援 **Handshake** 域名（如 **Puma Browser**③），並直接瀏覽 **Handshake** 區塊鏈域名網站。據瞭解，市占率較具規模的 Opera 瀏覽器亦計劃於近期支援 Handshake 域名[40]。

從實際應用案例上，綜觀各大區塊鏈域名項目中，整體註冊量最高的也是 Handshake。Handshake 至二〇二〇年三月才正式上線，至今頂級域名的註冊數量已經突破一千萬個，實際使用頂級域名（用於指向某 IP 位址）的數量接近十五萬個（見圖 9）。

最後總結 Handshake 的兩大重點：

1 Handshak 目標並非取代 ICANN，而是希望開放、透明化頂級域名的註冊發放。

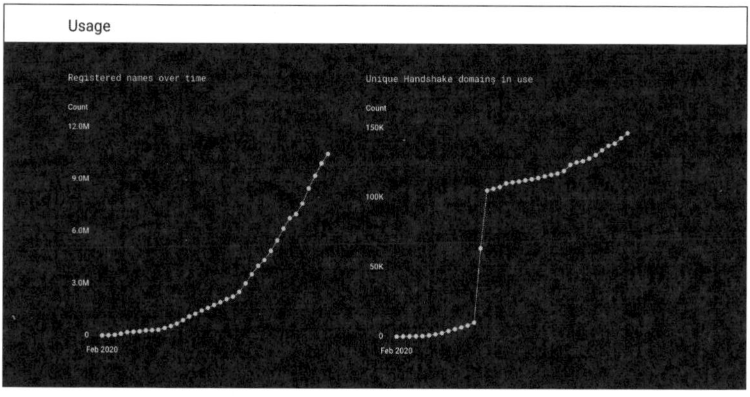

圖 9：Handshake 的使用情況[41]。

③ https://www.pumabrowser.com/

2 Handshake 可以融入 DNS 系統、並正在被快速採用中。

這也是為何，Handshake 值得我們特別注意。

可以被停用的 NFT

在真正的元宇宙現世，或我們前文提到的「平行於現實的虛擬世界」被創造且被使用前，我們必須忍受一件事，那就是遍地的數位垃圾被無差別地鑄造。

現在每個區塊鏈公鏈的起手式，都是提供區塊鏈域名服務，包括最新的 APTOS、SUI 公鏈，你必須要看懂背後的技術架構，才知道 NFT 有無價值。

UD（Unstoppable Domains）是我最質疑的一個「中心化」新創域名業者，他們宣稱其發布各種名稱超級好的「頂級域名」，例如 .wallet、.NFT、.coin 等並開放大家擁有購買次級域名的權利，並宣稱是「買斷」。

圖 10：UD 的商標[42]。

在這些行銷語言背後，卻始終無法回答一個關鍵問題：頂級域名哪來的？

UD始終沒有表明，這些頂級域名，是在哪個公鏈被創造，以及如何運作的。通常只會簡短地說：「你的 NFT 是在 Polygon 上鑄造的域名，因此便宜。」然而為何這個頂級域名是可用的，UD 卻說不清楚。

UD唯一價值在於整合功能

UD 嘗試為其提供的域名服務跟其他 Dapp 整合，例如 Brave 瀏覽器，讓該瀏覽器可以辨識來自 UD 販售的 NFT 域名，並指向其指定的網址（非 DNS 體系的一般網址），以及和 Trust Wallet 整合，讓該錢包可以辨識來自 UD 販售的 NFT 域名，並指向特定的錢包位址。

然而，這些都是典型寫在「法律合約」裡的承諾，不是寫在鏈上，本質上是新創跟其他團隊的商業合作，跟你想像的域名是不同的。這些功能隨時都可拿掉。

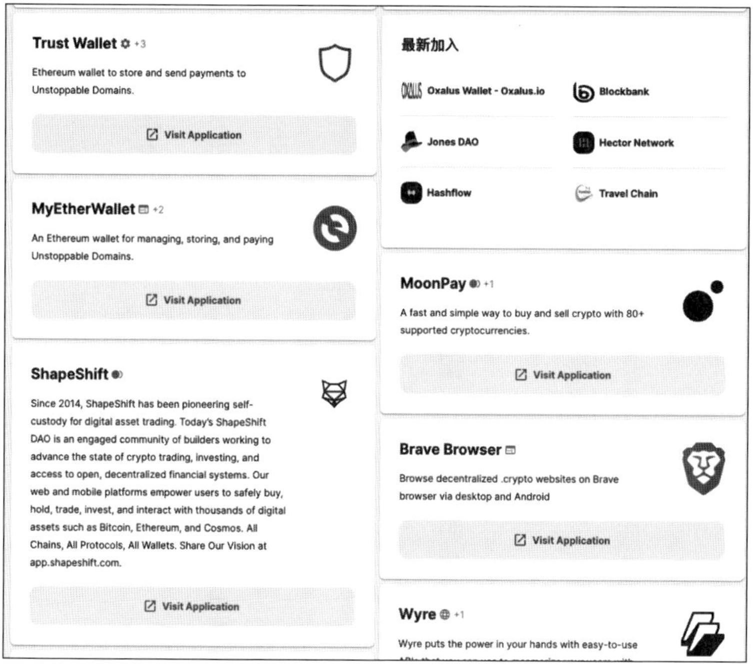

圖 11：與 UD 整合的功能[43]。

UD域名不能在瀏覽器中解析，在DNS上不存在。

UD只是反覆宣稱，你擁有UD的域名，可以使用UD整合的各種服務，並加上一句：

「擁有屬於你的Web3.0去中心化網站。」

沒有了這些隨時可以拿掉的整合功能，UD域名就是一個無用、無法解析的名稱，以及毫無價值的 NFT 空殼。

.coin 域名歸零

你不知道的事，是你擁有的域名 NFT 隨時會「Rug Pull」。

Rug 是小地毯的意思，把小地毯拉走，意思就是「捲鋪蓋、跑路」。Rug Pull 是 NFT 世界中最常見的詐騙，在開始販售後捲款潛逃。

現在這家「區塊鏈域名服務商」UD 無預警宣布：「關閉所有 .coin 的域名服務。」（見下圖）。

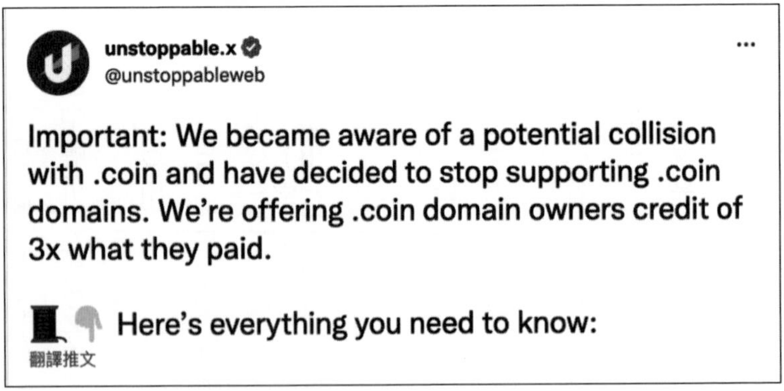
unstoppable.x
@unstoppableweb
Important: We became aware of a potential collision with .coin and have decided to stop supporting .coin domains. We're offering .coin domain owners credit of 3x what they paid.
Here's everything you need to know:
翻譯推文

圖 12：UD 宣布關閉 .coin 的域名服務[44]。

關閉所有 .coin 域名功能的原因是，UD 發現有其他域名商有使用 .coin，可能造成 UD 的產品與其他域名產生「域名衝突」。

這項舉措直接影響全球十一萬六千個 .coin 子域名 UD 用戶，只要你的 NFT 域名是購買 .coin 為結尾的，都會受到影響。

當然，UD 跟典型 **Rug pull** 不一樣的地方是有提出賠償方案：

1. 以當初購買價格的「三倍賠償」。
2. 你仍擁有無法使用的「格式圖檔」NFT。

但賠償不能解決問題，如果你花費大把成本，打造屬於你的「去中心化網站」以及你的「次級域名」，UD 此舉可能毀了你所有的投資。

失去 UD 整合功能的域名，持有 NFT 的意思，就是鑄造一個某「.名稱」的鏈上數據，記錄在某個便宜的以太坊側鏈。鑄造成 NFT，並不能使其成為有效的域名。

希望這篇警示文能讓大家知道，什麼是去中心化域名，什麼不是冒牌貨。

Unstoppable domain is "stoppable".

區塊鏈域名神話正在破滅，有太多專案會讓你困惑。所以當你大力購買域名時，你必須要瞭解，你到底在買什麼？

第五章

一個幣圈律師的告白

比特幣至上？

回過頭來談談我自己，這幾年擔任加密貨幣律師，果殼這個身分，同時代表了我的興趣，也是我的本業。我從二〇一九年開始在國際法律事務所打造加密貨幣法律服務事業，以下我想跟你分享，我們如何一步一步朝向亞洲第一「Crypto friendly」律師事務所的目標前進。

首先，我憑什麼？在幣圈服務的律師不少，但是比特幣信仰者的人很少，我認為，真正讓我破繭而出的，是來自於對於比特幣認知的突破。

有人說，果殼不只是比特幣信仰者，更是「比特幣至上」。

比特幣至上主義（Bitcoin Maximalism），是一種反諷，指稱比特幣是一切，鄙視其他加密貨幣。

我不喜歡「至上主義」這個詞彙，顯得盲目而霸道。應該說，我是比特幣樂觀主義者。

比特幣是一種選擇，而且是我看過各種選項後，所做出的理性選擇。

我早在二〇一七年就認識比特幣。這時的我，除了知道比特幣比較貴以外，我無法區辨比特幣跟其他加密貨幣的不同之處。

二〇一九年，我「重新認識」了比特幣，一個我以為已經老掉牙、早就無比熟悉的議題，實際上我竟忽視了它百分之九十的重要性。

我感受到，其實比特幣跟律師很像，律師過去被稱為「在野法曹」，在野指的是不在朝（非政府執政黨），法曹在古代是指古代的司法官員。律師一直以來，是站在民間，協助人民抵抗來自政府的力量或侵害。比特幣也是如此，比特幣提供人民第二選項，當受到政府的壓迫、剝奪權利時，比特幣提供人民一個繞開的途徑，讓人民有力量、空間繼續存活。這也是比特幣吸引我的重要原因之一，因為這就是我們律師在做的事。

認知影響行為，而這也成為轉捩點，我重新定位了比特幣與加密貨幣的不同，並且重塑了自己的世界觀。我接下來做了三件事情，帶給我爆炸性的成長：

第一步，我們宣布自身公司資產採用比特幣（讓自己沒有回頭路）。

第二步，我開始瘋狂探索區塊鏈技術的抗審查性，並且探討與法律制度的衝突與競合，讓我的專業認知有了另一種突破。

第三步，訂出「以比特幣為核心以及具備抗審查性」的全新標準，用此標準看待這個加密貨幣、NFT、甚至元宇宙市場。

最大的好處是，我節省了百分之九十以上的時間，不用分心去研究不符合此標準的項目或事物。

比特幣不是唯一，但你很難找到在相同領域裡，比它好的答案。

偶像破滅

但要抱持這樣的標準，是一件很困難的事，你會受到大量的質疑跟挑戰。

查理．蒙格（Charles T. Munger）①是我兒時偶像，一個律師，擁有開放多種思維模型，他的所做所言，影響我很大，但不包括查理對比特幣的看法。

查理一直很討厭加密貨幣，包括比特幣。他很自豪地表示自己沒有投資虛擬貨幣，並認為其應該被禁止。

「中國共產黨禁止了加密貨幣，很聰明，我們該學。」

有讀者挖苦我：

「果殼，你的偶像查理很反對比特幣耶。」

兒時偶像的存在，就是要讓人幻滅失望的，因為百分之九十九都是我們的想像。

我會說，放過查理吧！沒有人是完美的，他已經高齡九十九歲了，總不能逼他想像十年後的比特幣世界。

「不過查理，您真的錯了。」

伊隆・馬斯克（Elon Musk）在該則 Twitter 新聞下面留言：

「二〇〇九年，我和查理共進午餐，他向全桌講述了特斯拉（Tesla）會失敗的各種方式。這讓我很傷心，但我告訴他，我同意這些理由，我們可能會死，但無論如何都值得嘗試。」

打造王國

我在律師事務所的第一年，已經是小有名氣的微型幣圈 KOL（Key Opinion Leader，關鍵意見領袖），有些人在看過我文章後慕名而來，只是數

---

① 查理・蒙格（Charles T. Munger），一九二四年一月一日～二〇二三年十一月二十八日。

量跟規模還小，難以上的了檯面，因此我把加密貨幣當成某一類型的案件，搭配其他案件一起做，號稱的「加密貨幣團隊」，其實就是我一個人。

第二年開始，隨著自己的認知、行為模式改變，加上加密貨幣產業爆發式的成長，二〇二〇到二〇二一年，我的業績突飛猛進，成長幅度超過百分之百，其中加密貨幣產業客戶貢獻了大多數，二〇二二年仍然維持百分之五十以上的成長。很多人說法律服務是一種「手工業」，因為要一個字一個字打出來，無法如同軟體公司在短期內呈現指數式成長，而我們事務所本來就已是國際級的大型事務所，在新興領域出現這個情況也是非常少見。

隨著業績成長，提供更好的服務只是基本條件，我們加密貨幣團隊持續增加人手，並且與各大跨領域專家顧問合作。直到現在，我們才比較有信心，累積了足夠的能量，提供國內及國際級加密貨幣集團各類型的法律服務。

各國對於加密貨幣監管方針極為複雜而不同，而我接下來的重要目標，是要打造一間亞洲級「加密貨幣友善」（Crypto friendly）專業法律事務所，我們要提供全世界好的加密貨幣業者及用戶第一流的法律及顧問服務。

累積比特幣

我目前在進行一個小實驗，設定的目標是：平均每日定期定額投資一百美元，持續累積比特幣。

買比特幣人人都會講，但一般人很難累積比特幣。

會有很多事情讓你想賣掉。別的幣漲太多、整體幣價連續跌、危機發生、沒錢（法幣）時。讓妳搞丟比特幣的方式有很多，例如弄丟私鑰、放到倒閉的中心化交易所、拿去買 NFT（例如我）、拿去換便宜的小幣。

還有很多因素，讓你開始自我懷疑，例如媒體的喧鬧、長輩的擔憂、官員的警告，以及各種市場的鬼故事（例如第三章所提及的 SBF）。

另外，你還要夠會賺錢。

比特幣的單價已經不低，一個月薪水三萬元，如何過生活都是問題，要切割剩下多少閒錢投入，光手續費可能就不划算。沒有三兩三，你根本無法執行「累積比特幣」計畫。

最後，你必須戒賭。

買比特幣現貨，可能是全世界最無聊的投資。短時間累積起來無感，不如槓桿、保證金交易刺激，才能來個「以小博大」。

要屏除這些，才能夠持續堅持、持續累積，做得到的人寥寥無幾。

能夠累積比特幣，同時代表你是一個：

1 有長期目標的人。
2 具備價值投資觀念的人。
3 掌握資產保管的人。
4 擁有自由意志的人。

5 留得住「錢」的人。

6 懂得怎麼賺錢的人。

7 不嗜賭的人。

我很幸運，每天醒來能夠做我有熱情的事。

我不是比特幣至上主義，我有開放的心胸接受各種新事物，但同時我也有嚴格的檢驗標準。

下一篇，我要來談談我的檢驗標準有哪些。

討人厭也沒關係

你總會吸引到某些人，同時被另些人討厭。在幣圈，有著各種派別：比特為王派、以太坊派、以太殺手派、Defi 掛、NFT 圈。

例如我常講比特幣的優勢，肯定讓其他派別不是滋味。民主，就是一群人討厭另一群人。哪一派都好，但不能因為互相討厭，就搞到事情無法運作，陷入僵局。

夫妻鬧翻，就離婚。

工作夥伴鬧翻，就倒閉。

國家鬧翻，就戰爭。

我的律師工作，就是天天看著同樣戲碼，單純因為「討厭」彼此，不惜讓工作停擺、違約背信、公司倒閉、項目跑路。

怎麼判斷一個區塊鏈項目「去中心化」的程度？

我認為，是看同樣項目的支持者中，彼此討厭的程度。如果在同一個項目，大家都彼此討厭，卻絲毫不影響協作，也不影響市場採用進程，代表越「去中心化」。

反之，如果因為誰跟誰鬧翻、誰出走，就大幅影響一個區塊鏈項目的發展，那麼本質上，這個區塊鏈可能跟傳統公司沒兩樣。

事實上，比特幣支持者陣營裡就彼此討厭了，例如微策略（Micro

圖 1：微策略（Micro Strategy）聯合創辦人兼執行長麥克·賽勒（Michael Saylor）[45]。

Strategy）的聯合創辦人麥克・賽勒（Michael Saylor 企業採用比特幣先驅）的黑粉超級多，黑粉一直希望微策略的比特幣策略失敗。

比特幣部分信仰者，常看不起國家強制人民用比特幣（成為法定貨幣），這我完全不能理解。

很多優秀的比特幣開發者，總是「文人相輕」，超級互看不順眼，覺得對方的路線錯了。

對於比特幣的價值，我是這麼看的：

1 比特幣沒有商業模式

所有的創業，除了談夢想、目標市場、產品特色，還是必須回歸「商業模式」，也就是你的事業要怎麼賺錢變現。比特幣是唯一一種創業，其本身不用，也無法談商業模式，因為比特幣本身即是金錢，商業模式的終極目標是賺錢，而過去沒有一種創業，是創造一個全新的金錢系統。

比特幣創造了一個全新的生態圈，你可以不用擔心，你的付出，成為別人的商業模式，同時在這個生態圈裡，你可以打造自己的新事業，並需要一個好的商業模式，賺到更多的法幣或是比特幣。

2 比特幣不同於「其他加密貨幣」

比特幣是唯一鎖定「全球貨幣」階層的加密貨幣，目前價值儲存的功能已經被世人、華爾街認可，這是其他的加密貨幣目前做不到的。

比特幣無法與其他加密貨幣混為一談。

3 比特幣不會有人跑路

比特幣的神秘發起人中本聰（Satoshi Nakamoto），於二〇〇八年十月發表了比特幣白皮書。

二〇一一年四月二十六日，中本聰向其他開發人員發送了最後一封電郵，並在信中明確表示，他已經將專注力「轉移到其他事務上」，同時，他將自己的名字從軟體的版權聲明中刪除，並將代碼留給所有「比特幣開發者」。

自此中本聰消失至今，這個偉大的舉措，讓比特幣成為公共財，縱使中本聰今天突然再次出現，也無法改變。令人驚奇的是，不論各家學者、創業者、政治人物、投資機構間彼此如何討厭對方，比特幣還是完美地運行著，也沒有所謂創辦人的強勢領導，要比特幣轉往其他方向。

這就是比特幣的優勢，這也是為何，比特幣如此適合民主社會。

Bitcoin: A Peer-to-Peer Electronic Cash System

Satoshi Nakamoto
satoshin@gmx.com
www.bitcoin.org

圖 2：改寫人類歷史的比特幣白皮書[46]。

成為網路原生專家

過去幾年面臨新冠疫情，相信對許多人、包括律師都是不小的衝擊。尤其中間還碰到各國政府三級警戒，同時法院幾乎關門不開庭，很多法律事務所的業務受到影響，律師沒有工作做，實體經濟、商業活動大幅下降。

我很幸運，我們律師事務所加密貨幣團隊的業績，在疫情下並未受到影響，甚至在疫情的頭兩年，每年營收都成長超過百分之五十。

我如何做到的

當中有許多貴人相助、運氣，還有一點我認為最關鍵：我很早就成為一名「網路原生專家」，也就是我的客群、傳播媒介、提供服務方式，皆不依賴實體活動，完全可以線上完成「客戶獲知、客戶信任、提供服務、收取報酬」。

很多人在疫情來臨時才開始談數位轉型，以下以我律師執業為例，分享網路原生專家的觀念，跟成為網路原生專家的六種方法，希望對各位有所幫助：

1 打造個人品牌

一個網路原生專家，必須要有自己的個人品牌，並透過網路持續加強品牌的效應，直到你的服務負荷量滿載。

為何一個客觀能力條件及專業能力，都跟你差不多的專家（甚至可能比你爛），為什麼他總可以吸引客戶上門，你卻無法？差別就在於品牌。

品牌決定了你獲取客戶的成本，以及客戶對你的信任。

一個普通律師，提供客戶問題的「答案」，優秀的律師，能夠讓客戶投以「信任」，具備品牌的律師，在你還沒有開口之前，客戶就已經對你有某程度的信任了。

過去律師行業是一個面對面的實體經濟，學歷、法院實務經驗是絕對必要的。但現在，擁有品牌思維的律師，加上網路推波助瀾，你可以在早期就擁有一群過去律師超乎想像的潛在客群。

我長期經營「果殼 Mr.Shell」這個品牌，花大量時間分享我學習到的新事物及觀點，網友的詢問，我也盡可能耐心回答。在沒有品牌思維的律師眼裡，這是浪費時間，但多年下來，我透過網路打造個人品牌，即使在最嚴峻的疫情下，仍協助我持續成長。

我也正式幫「果殼 Mr. Shell」註冊了商標，成為被法律保護的品牌。

2 網路護城河

網路護城河指的是「社群」，可能是臉書粉專、社團、IG、Twitter、Line、Telegram，或其他任何能夠與人互動的虛擬世界。

經營社群，讓你擁有一個穩定被看見的地方。

如今網路社群時代，有專業還不夠，你必須在一個特定領域裡打造護城河，才能夠持續累積。我自己也持續經營社群群組，討論加密貨幣法規、監管及市場資訊，於社群人數持續成長後，也成為我執業的重要工具之一。

3 專注一件事

典型受雇律師，是希望交差結案、客戶不要抱怨、長官滿意即可；具有品牌思維者，則把職涯當成是一種「無限賽局」，專注一件事，並且主動熟悉產業、瞭解客戶的處境，縱使短期不會發生效益，長期下來可以讓你更容易成為某一個領域的專家。

以我為例，我從二〇一七年開始寫部落格，並以「果殼」為名對外發表，大多數是撰寫區塊鏈、加密貨幣相關議題，而且說實話，當時的我只是很單純地在分享我的研究心得跟成果，並沒有「變現」的壓力或預想，更壓根沒想到這會跟律師法律服務扯上關係。

我最高產的時期，平均一個月會有二到三篇的新專欄文章。雖然我的興趣很廣泛，但是真正能夠成為我的文章的題材，越來越限縮，因為當你研究某個領域到一定程度，也會覺得其他領域不是你的守備範圍，除非拉低標準，否則根本插不上話。

加入律師事務所後，我就是所內唯一專攻加密貨幣的律師，但同時還要做其他案件，例如我會在半夜裡，同時要出一個比特幣強制執行的聲請狀，同時研究國際機場跑道維護的工作日誌。直到後來，有越來越多加密貨幣案件委託，於是我從單打獨鬥，開始組建加密貨幣法律團隊。

4 善用網路「新」工具

很多專業人士可能對新興網路工具較陌生，甚至畏懼，然而我認為應該要善用它。最近非常紅的 GhatGPT（AI 智能聊天工具），以及前陣子的 NFT，可以跟不同領域結合，例如藝術、音樂、遊戲，甚至包括律師。

舉例來說，我可能是全世界第一個發行「律師 NFT 收藏品」的律師。

當初是想嘗試一種 Lawyer-NFT[2]，持有者可以找指定律師進行法律諮詢，早期支付諮詢費用獲得優惠價格，並兼具紀念及移轉功能，等同利用 NFT 在區塊鏈上完成線下服務及鏈上交易的實驗。

最後有超過五十位來自全世界的人購買及持有果殼 NFT，我還因此多了來自法國的新客戶。透過 NFT，我接觸到更廣泛的客戶群體，以及全新的互動方式。

5 不要當安靜的專家

我們總是聽到網紅、直播主，在網路效應之下創造出驚人的抖內金額、廣告收益分潤，還有無數的業配及商業合作，收入十分優沃。不是人人可以當明星、大網紅，但如果你是專家，你應該要成為一個持續發聲的人，好處顯而易見，你可以跳脫薪資天花板。

我始終呼籲：不要當一個安靜的專家。

寧可當一個特殊領域的網路專家，同時，如果你做的事情剛好是你也熱愛的，那麼這項熱愛，可以幫你賺進一般人無法想像的額外收入。以我自己為例，我很幸運，我的自媒體副業收入已經超過律師月薪好一陣子，而我有一位網紅朋友，她的收入會讓一般人無法置信地說：「她是打錯數字了吧？（多一個零？）」。

但真的能做到的人很少，為什麼呢?因為有三大關卡：

(1) 需要勇氣：

你可能會被公眾檢視、被同業鄙視，擔心自己面子掛不住。

(2) 需要努力：

輸出需要心思，大家看得懂的東西，需要更進一步轉化，才能夠被接受、吸收。

(3) 你能夠忍受寂寞、沒沒無聞嗎？

---

② 如果對於我的 Lawyer-NFT 系列有興趣，在區塊鏈或相關 NFT 平台也查得到：https://reurl.cc/YjlgNa。

我做果殼這個品牌，有長達一年多的時間，講的話幾乎沒人聽，寫的東西沒有人反應。

這也是為什麼，雖然我已經說過「成為網路原生專家」這個賺錢方法，但真的能夠做到的人寥寥無幾，因為大多人無法忍受寂寞，撐不下去。當你需要別人回應、喜歡、按讚，你才寫，代表你也沒有這麼喜歡你說的事情。

我一直拒絕成為「安靜的專家」，持續努力分享。賺到錢當然很好，如果沒錢呢？只要是我喜歡的，我也會考慮做，例如推廣比特幣。

專業人士不用學千奇百怪的營銷操作，走偏門不長久，也無法累積專業信任度，但我們能把自身專業變成更好的產品。期待有更多不安靜的場合、不安靜的專家高手冒出頭。向那些持續分享專業、用興趣變現的專業伙伴致敬！

十一項生存指南：加密貨幣律師的真心話

身為加密貨幣律師，我除了身體力行長期持有比特幣，也嘗試過各種中心化服務與去中心化應用，同時，更曾服務過超過一百種加密貨幣、NFT項目方，並提供各種法律服務，瞭解幣圈與法律間的微妙關係。

這幾年下來，我最直接的感受是：

這是一個充滿機會的花園，也是充滿爾虞我詐的原始叢林。

你可能發現你的才華剛好碰上機會，因此在幣圈暴富。但你也可能在短短數年內，貪圖「穩定」、「被動高收益」而一無所有。我看過太多人在幣圈裡來來去去，載浮載沉。

想要在這個圈子待得長久，有太多的能力、心態需要準備好。我整理出下列十一件事，包括心態上與行為模式上的建議指南：

1 抗拒穩定、被動的報酬

這是人性的一環，百分之九十九的人，喜歡每天、每月、每年有固定的收益入帳。然而這是很危險的，尤其在幣圈——高波動、高不確定性的早期市場，你期待的穩定，可能在一場黑天鵝事件就讓你一無所有。

這是人性，很難抗拒。如果你期待要有穩定、被動的報酬，我不建議在幣圈裡尋找，否則你遲早會成為野蠻叢林的小白兔。

2 遠離「高被動收益」商品

「高被動收益」商品更是危險中的危險，這裡有兩個層次：

第一種是詐騙型，詐騙方會利用人性的貪婪，設計一個固定高收益的投資幌子，騙你加入。而當你貪圖固定高收益的同時，你的本金已經消失了。

第二種更難區分，其本質上或許不是詐騙，可能真的是一個努力發展的事業體（而且發展非常好，例如 FTX 倒閉前的兩年），它可能會提供你一個看似無法拒絕的固定高收益，並宣稱有高超的各種方法。我的建議是，你必須去嘗試了解一件事：

它到底是怎麼賺到錢的？這個方法能夠持續一年嗎？

如果你無法完全瞭解，或是對其可持續性有所懷疑，建議遠離，或是至少進行分散，不要把多數資產放在「高被動收益」這種籃子裡。

3 不要把交易所當銀行用

加密貨幣交易所不是銀行。交易所是提供加密貨幣交易、暫時保管交易標的的企業，並不是你想像中的銀行。

你的錢放在銀行，如果不見了，會有存款保險，國家可能會有相關機制來挽救處理。而現在交易所等中心化機構，因為大多數國家並未直接有牌照監管，除了洗錢防制以外，欠缺大多數金融機構有的風控措施，因此，交易所如果把錢搞丟了，或是挪為他用，你可能拿它一點辦法也沒有。

交易所不是銀行，至少現在通通不是。

4 準備好，掌管自己的「錢」

比特幣等加密貨幣，最好在自己掌管的私鑰下保存，不要全部依賴任何中心化機構。市面上有許多熱錢包、冷錢包等解決方案，建議都要去學過一輪。

你不用把錢通通丟在冷錢包裡，但你至少要學會怎麼使用，等到真的需要時，你的冷錢包可以派上用場。

無法掌握自己的資產、私鑰的用戶，很可能會成為區塊鏈世界的次級戶。

5 充實加密貨幣相關法律知識

很多人誤解了現在加密貨幣產業的「合規」，這裡的合規，跟你想像的可能不一樣。百分之九十九產業說的合規，僅止於落實當地政府的反洗錢及打擊恐怖主義的政策，而不直接涉及「加密貨幣業務模式」、「業務」本身的合規，因為除了少數國家、地區外，大多數目前不存在「加密貨幣業務模式」的監管法規。

這只是其中一個例子，比特幣本身的金錢、價值儲存屬性涉及到非常多法律知識，使用交易所等平台，也會有使用者條款要注意。碰到詐騙、業者破產時，你也要知道如何透過法律保護自己。

瞭解相關法律知識後，你才能夠在正確的認知及風險評估下，投入適合的金錢。

6 購買比特幣前應該要有的十個觀念

(1) 知道比特幣的大致運作模式。
(2) 知道比特幣不是騙局。
(3) 知道比特幣的價格波動巨大是日常。
(4) 知道自己可能承受如此的價格波動。
(5) 知道自己手上的法幣會持續貶值。
(6) 不會 all in 比特幣。

(7)不會想要槓桿操作合約交易。
(8)不會想要靠比特幣一夜致富。
(9)不會每天查看其他「專家」怎麼預測比特幣。
(10)知道如何自己保存比特幣。

7 遠離過度資訊

在幣圈，你每天會看到海量的資訊，尤其是任何號稱專家的預測、「各種事情發生」的原因，例如FTX交易所倒閉、比特幣大跌的原因等等。

這些都是過度的資訊，會讓你失去焦點，容易遭到誤導。

8 不要完全信賴自稱專家的專家

看過這麼多號稱專家的專家，而實際上你不知道他背後的動機、誘因是什麼，可能是為了宣傳自己的項目、可能是為了手上的持倉。也很可能，在面對那些過度資訊時，專家根本也不知道自己在說什麼。

每一輪牛市，就會冒出新一批專家，也代表「舊專家」已經倒下。

時間是最好的篩漏。

9 不要依賴承諾

身為律師，我知道最廉價的、以及最容易被打破的，就是人的承諾。

區塊鏈技術，有機會可以讓你不用依賴人的承諾，達到你要做的事情，例如價值儲存，選擇法幣以外的路。

但目前多數的加密貨幣、NFT產品，是披著區塊鏈外衣的「承諾」。記住，不要依賴人的承諾。

舉幾個例子：單一公司所發行的代幣（例如FTX發行的平台幣FTT）、虛擬世界的虛擬土地、NFT賦能。

區塊鏈技術無法確保交易所、虛擬世界業者、NFT項目方，會按照他們的承諾履行。

10 比特幣是危機下的避難所

上一次美國大型銀行、金融機構倒閉，讓政府被迫印鈔救市，是在二〇〇八年，那年中本聰發布比特幣白皮書，催生了比特幣。

二〇〇九年一月三日，比特幣創世區塊誕生。

現在，我們又再次面臨新一輪的金融危機，完全是人為搞出來的二〇〇八年翻版，眾多美國銀行接連倒閉，聯邦存款保險公司（Federal Deposit Insurance Corporation, FDIC）存款保險最多只會賠人民二十五萬美元，人人自危。

美國加密貨幣友善銀行「銀門銀行」（Silvergate Bank）宣布倒閉，你可以說「Silvergate Bank 是白痴」，買這麼大量的遠期債券，導致短線流動性出問題，愚蠢害死自己。

矽谷銀行（Silicon Valley Bank），一家歷史悠久、長年服務矽谷創投、新創，甚至被知名媒體評選為「年度優良銀行」，採取最保守的財務策略，卻也跟著倒閉。

Circle 作為全球第二大美元穩定幣 USDC 發行方，也是最合規的穩定幣業者，USDC 的美元儲備，不幸同時曝險了這兩家銀行，也讓人懷疑：穩定幣是否「穩定」？

這或許不是 Circle 的錯，或者也可以說是倒楣。但真的只是運氣不好嗎？

一個完全合規的系統、穩定幣足量儲備，以及會計師簽證，居然可以連續暴雷，這或許代表一件事：二〇〇八年至今，現存體系仍然有問題。

很多人問：現在商業銀行帳戶、中心化機構、穩定幣都不安全，我的錢還能放哪裡？

其實，早在二〇〇九年，我們已經有新答案了。

比特幣，提供我們第二個途徑，一個危機下真正的避難所，當金融體系失靈、存款不安全、兩岸戰爭爆發，你知道你永遠有另一個避難選項。

11 做自己的主人，永遠抱持懷疑

區塊鏈技術、比特幣等，賦予了人民新的權力，但你必須做自己的主人，充實足夠的知識（**Do Your Own Research, DYOR**）、做到足夠的準備，才能充分掌握這份權力。

而這個權力，內容也不停地在轉變，你必須保持好奇與懷疑，才能夠持續生存。

附錄

世界加密貨幣法律監管評比

本書整理世界政府對於加密貨幣的監管動態，並嘗試對各國的關鍵監管指數予以量化，讓讀者一覽無遺加密法律的世界趨勢⑬。

評分標準說明：	
監理框架（0至3分）	監理框架的完整性越高，得分越高，反之則越低；評比標準包括：制定專法、修改現行法律以適用加密貨幣，或其他監管措施。
監理配套（0至3分）	配套措施的完善程度越高，對國內加密貨幣環境促進作用越大，得分越高。
負面影響（0至–3分）	對正常採用加密貨幣環境產生的負面影響越大，扣除的分數越多。

⑬ 特別感謝韓宗儒研究員協助本章編修。

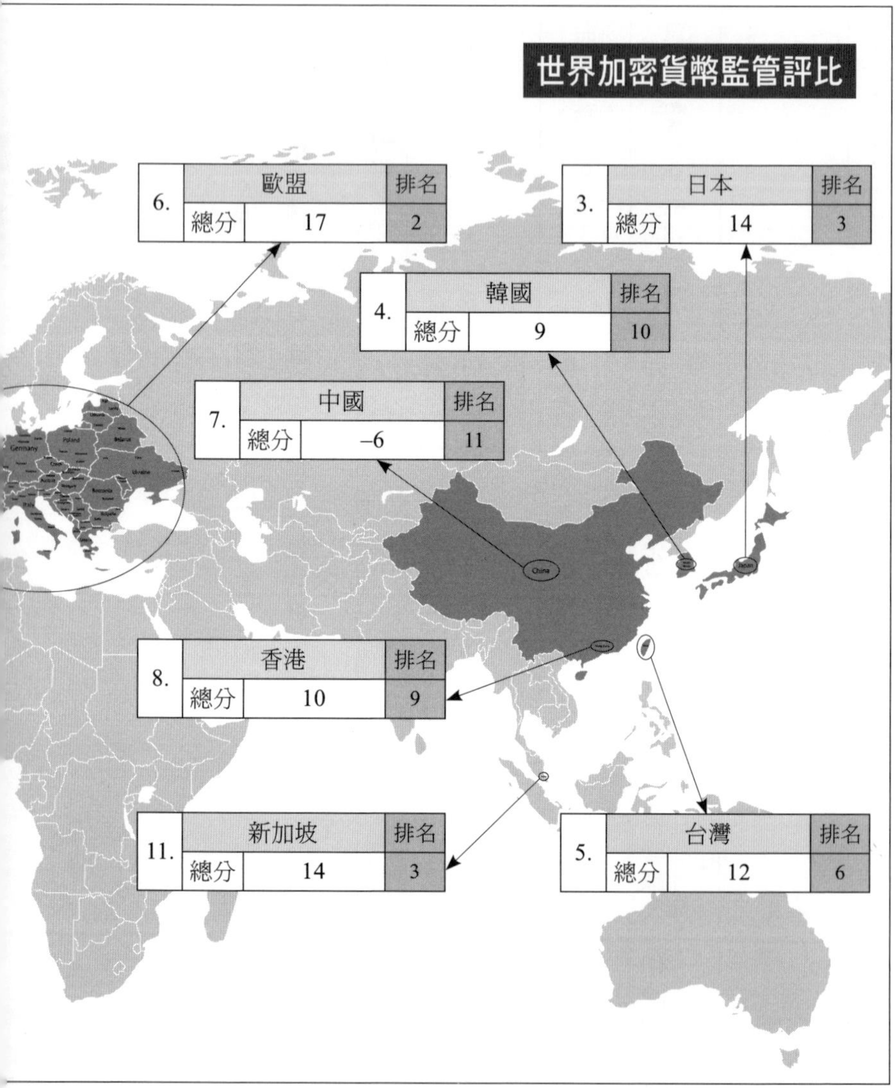
世界加密貨幣監管評比
6. 歐盟 排名
總分 17 2
3. 日本 排名
總分 14 3
4. 韓國 排名
總分 9 10
7. 中國 排名
總分 –6 11
8. 香港 排名
總分 10 9
11. 新加坡 排名
總分 14 3
5. 台灣 排名
總分 12 6
China
Japan
Germany
Poland
Ukraine

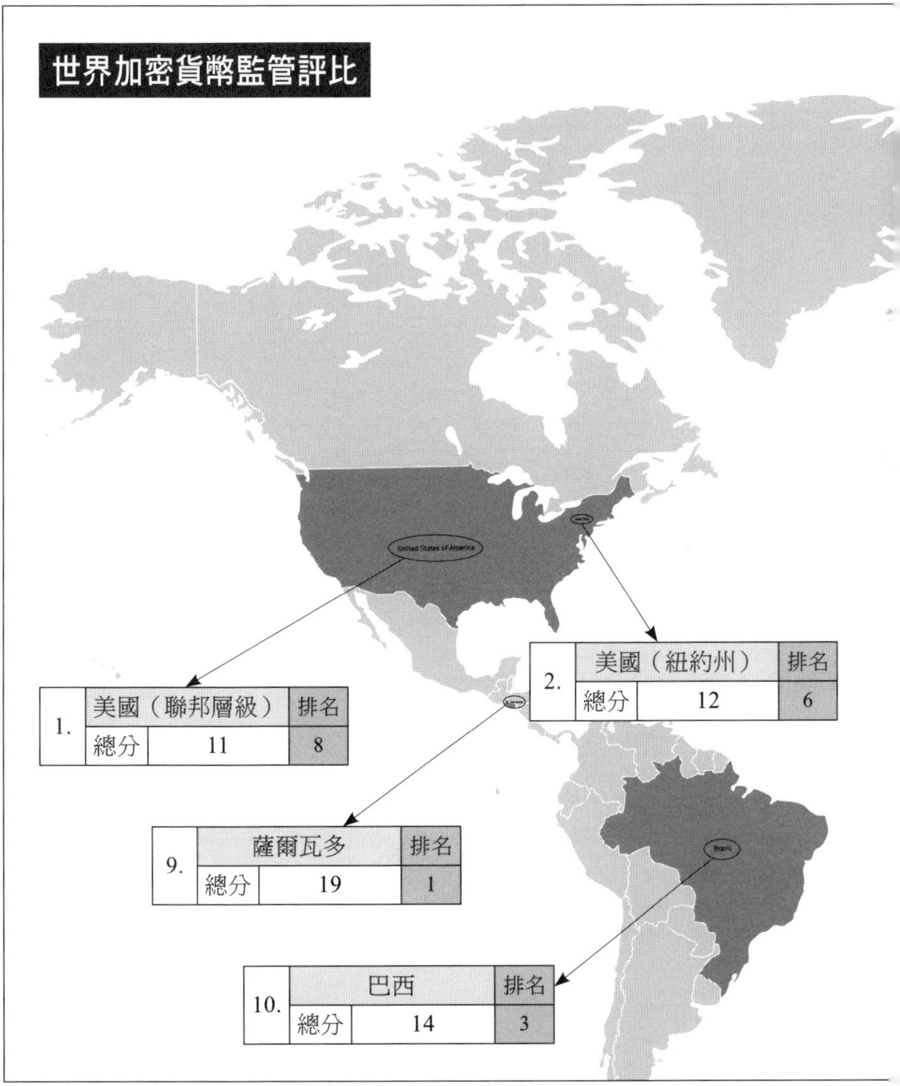
世界加密貨幣監管評比
United States of America
Brazil
1. 美國（聯邦層級） 排名 8
總分 11
2. 美國（紐約州） 排名 6
總分 12
9. 薩爾瓦多 排名 1
總分 19
10. 巴西 排名 3
總分 14

1. 美國（聯邦層級）

分類	監管指標	有無	評分	總分
監理框架	加密貨幣監理框架	×	0	11
	許可牌照制度	×	0	
	登記制度	○	2	
	證券型代幣制度	○	1	
	洗錢防制要求	○	3	
監理配套	法定貨幣	×	0	
	支付法制（穩定幣）	○	3	
	法院司法	△（偵查）	2	
	合理稅制	○	2	
	租稅優惠	×	0	
負面項目	禁止 ICO	×	0	
	禁止交易	×	0	
	其他（司法行動）	○	–2	

1. **FinCEN MSB** 是由隸屬於美國財政部的金融犯罪執法局（FinCEN）頒發的一種金融登記制度。該制度主要是針對金融服務相關的公司和業務，包括數位貨幣、加密貨幣、ICO 發行、匯率匯兌、國際匯款等業務。在美國從事這類業務的公司，必須向該單位申請登記公司基本資料，該制度與許可制／牌照制度不同，是登記制，但許多加密貨幣業者利用此誤導使用者，以為完成登記的業者有取得美國政府的核准，實則非如此[47]。
2. 美國的證券型代幣（STO）發行制度主要有兩種方式，第一種是申請發行一般證券，正式登記，第二種是應用豁免註冊規定 *Rule 504 of Regulation D*，最高發行額限制在一千萬美元以下（原規定為五百萬美元以下，後來鬆綁至一千萬美元以下）[48]。
3. 美國洗錢防制的主管機關同為金融犯罪執法局（FinCEN），FinCEN 於二〇一三年及二〇一九年發布指引，指出加密貨幣服務業者應受到銀行保密法（BSA）洗錢防制規範監管[49]。
4. 美國支付法制對於穩定幣的監管：美國眾議院的金融服務委員會於二〇二三年四月十五日發布了《穩定幣法案》草案，禁止在沒有法幣支持下創造新穩定幣，惟目前尚未通過[50]。

5. 加密貨幣犯罪偵查：

美國政府對於加密貨幣的搜查和扣押通常是跨機構的集體行動，這些機構可能包含聯邦調查局（FBI）、國土安全局（DHS）、特勤局（USSS）、緝毒局（DEA）或菸酒槍炮及爆裂物管理局（ATF）等[51]。

6. 稅務規定：

在美國國稅局發布的稅務指引 Notice 2014-21 中，提及根據聯邦所得稅目將加密貨幣視為財產，市場參與者需要申報相關資本收益和損失[52]。

7. 近年執法／司法行動：

(1) 美國 SEC 於二〇二三年六月五日發出公告，指控幣安交易所和趙長鵬，涉嫌挪用客戶資金、誤導消費者和網絡詐騙等十三項行為[53]；

(2) SEC 於二〇二三年六月六日指控 Coinbase 涉嫌自二〇一九年以來作為未註冊證券交易所非法營運行為[54]。

(3) FTX 創始人山姆・班克曼－弗里德（Sam Bankman-Fried, SBF）於二〇二二年十二月十三日，在巴哈馬被捕，之後被引渡至美國進行刑事審判。

二〇二三年十一月三日 SBF 被判有罪，美國曼哈頓聯邦法院的十二名陪審團判定 SBF 面臨的七項罪名全部成立。SBF 被指控的罪行包括[55]：

① 對 FTX 客戶實施電匯詐騙。
② 與他人共謀對 FTX 客戶實施電匯詐騙。
③ 對 Alameda Research 的借款人實施電匯詐騙。
④ 與他人共謀對 Alameda Research 的借款人實施電匯詐騙。
⑤ 與他人共謀對 FTX 投資者實施證券詐騙。
⑥ 與他人共謀對 FTX 客戶實施商品詐騙。
⑦ 與他人共謀洗錢，隱藏對 FTX 客戶實施電匯詐騙的收入。

8. 美國證券交易委員會於美國時間二〇二四年一月十日宣布核准比特幣現貨 ETF，包括灰度在內十一個比特幣 ETF 申請全部通過，屆此，機構、自然人，人人可以交易 ETF 間接持有比特幣[56]。

2. 美國（紐約州）

分類	監管指標	有無	評分	總分
監理框架	加密貨幣監理框架	○（BitLicense）	3	12
	許可牌照制度	○	3	
	登記制度	×	0	
	證券型代幣制度	×	0	
	洗錢防制要求	○	3	
監理配套	法定貨幣	×	0	
	支付法制（穩定幣）	○	1	
	法院司法	○	3	
	合理稅制	○	2	
	租稅優惠	×	0	
負面項目	禁止 ICO	×	0	
	禁止交易（上架）	○	–2	
	其他（禁止挖礦）	○	–1	

1. 自二〇一五年六月起紐約州政府金融服務廳（New York State Department of Financial Services, NYDFS）根據紐約金融服務法的授權，制定出虛擬貨幣法規（*23 NYCRR Part 200*），這個監理框架被稱為「BitLicense」，是世界上第一個針對虛擬貨幣業者牌照和法規框架的綜合性監理規範。
2. 根據美國虛擬貨幣法規（*23 NYCRR Part 200*）的規定，主管機關將授予合規業者經營虛擬貨幣業務牌照（BitLicense），將虛擬貨幣業務正式納入紐約金融法規監管[57]。
3. 為了防止洗錢和資助恐怖主義活動，BitLicense 將洗錢防制防範措施作為牌照申請的必要事項，而非僅僅是遵循義務，並要求業者能識別包括客戶的姓名與物理位置。
4. 對於穩定幣的監管：
根據紐約州金融服務廳發布的穩定幣指南，其著重於可贖回性、儲備要求以及獨立審計，發行商必須先取得 BitLicense 並獲得紐約州金融服務廳專門批准後，才可發行穩定幣。

5. 司法判決的執行程序：

對於金錢判決的執行程序，紐約州民事訴訟法第五十二章（*CPLR Article 52*）的規定是：「金錢判決可以執行於任何可以劃歸或轉讓的財產。」在解釋上也包括例如虛擬貨幣／NFT 等數位資產[58]。

6. 稅務規定：

在紐約州可兌換的虛擬貨幣被視為無形財產。由於購買或使用無形財產不需要繳納銷售稅，因此任何以可兌換的虛擬貨幣作為易物交易中的一方所獲得的財產，不需要繳納銷售稅。然而，如果以可兌換的虛擬貨幣作為交易的一方以此交換到需要繳納銷售稅的商品或服務，該方需要根據交易時可兌換的加密貨幣的市場價值（換算為美元）繳納相應的銷售稅[59]。

7. 禁止特定穩定幣上架：

截稿前，紐約州金融服務廳禁止包括 BUSD、GUSD、USDP、ZUSD 在內等穩定幣上架至交易所，其中 GUSD、USDP、ZUSD 為通過 NYDFS 批准發行之穩定幣[60]。

8. 紐約州長霍楚（Kathy Hochul）於二〇二二年十一月二十二日簽署為期二年的禁令，禁止使用非綠能電力的比特幣採礦事業在紐約州營運[61]。

3. 日本

分類	監管指標	有無	評分	總分
監理框架	加密貨幣監理框架	○（支付服務法）	2	14
	許可牌照制度	○	3	
	登記制度	×	0	
	證券型代幣制度	○	1	
	洗錢防制要求	○	3	
監理配套	法定貨幣	×	0	
	支付法制（穩定幣）	○	2	
	法院司法	○	2	
	合理稅制	○	2	
	租稅優惠	×	0	
負面項目	禁止 ICO	×	0	
	禁止交易（上架）	×	–1	
	其他	×	0	

1. 日本金融廳（Financial Services Agency, FSA）為日本金融主管機關，其轄下的金融審議會於二〇一六年三月將《支付服務法》修正提送國會，並於二〇一七年四月開始施行。支付服務法主要規範的對象為從事資金移轉業務的非銀行支付機構，該法修正後，將虛擬貨幣的支付以及虛擬貨幣業者明文監管[62]。

2. 日本支付服務法就經營虛擬貨幣業者採「註冊許可制」，應向內閣總理大臣取得許可並向主管機關登錄，才可在日本進行虛擬貨幣業務。

3. 日本金融廳於二〇一九年修正公布《金融商品交易法》，其中第二條第三項規定「電子記錄移轉權利」（ERTRs）的概念，只要是ICO或者STO所發行之憑證符合「電子紀錄移轉權利」之定義，則應受《金融商品交易法》監管，若不符「電子紀錄移轉權利」之定義者，則回歸《支付服務法》監管。二〇二三年五月三十一日日本東京都政府宣布啟動「證券型代幣」發行支持計畫，單件補助最高五百萬日元。

4. 日本主要洗錢防制之規範為「犯罪收益移轉防止法」，二〇一六年五月修正後的犯罪收益移轉防止法，將虛擬貨幣業者納入適用主體，規定業者應保留客戶交易紀錄，並主動通報可疑交易。

5. 支付法制對於穩定幣的監管：

二〇二三年六月，日本實施了修訂後的《支付服務法》，將虛擬貨幣分成「類數位貨幣」型和「加密資產」型，法幣穩定幣屬於「類數位貨幣」型，並被定義為一種新型「電子支付方式」[63]。

6. 日本首次虛擬貨幣沒收保護發生在二〇一八年貨幣交易所 Coincheck 發生的 NEM 幣遭竊事件，東京地方裁判所（相當於地方法院）依照組織犯罪處罰法提出沒收保護命令，並轉由日本警視廳執行[64]。

7. 稅務規定：

虛擬貨幣只要在活躍市場上架，發行方就算沒有賣出代幣也要為持有的代幣支付最高百分之三十的公司稅。虛擬貨幣投資者的收入被歸類為「雜項收入」，稅率依照個人收入而定，最高收入者的稅率可高達百分之五十五（最低百分之十五）；相較之下，個人股票收益的稅率約百分之二十[65]。

8. 日本將解除穩定幣禁令：

從二〇二三年六月開始，日本交易所將能申請特殊許可證來交易穩定幣，使USDT或USDC等海外穩定幣有可能進入日本市場。金融廳解除海外發行穩定幣於日本國內流通的禁令，並將匯款上限設定為每筆一百萬日元[66]。

4. 韓國

分類	監管指標	有無	評分	總分
監理框架	加密貨幣監理框架	○	3	9
	許可牌照制度	○	3	
	登記制度	×	0	
	證券型代幣制度	○	1	
	洗錢防制要求	○	3	
監理配套	法定貨幣	×	0	
	支付法制	×	0	
	法院司法	○	1	
	合理稅制	○	2	
	租稅優惠	×	0	
負面項目	禁止發幣（ICO）	○	–3	
	禁止交易	×	0	
	其他（公務員申報財產）	○	–1	

1. 韓國政府為保護國內快速膨脹的虛擬資產用戶，韓國國會政治事務委員會在二〇二三年五月通過《虛擬資產用戶保護法》，是將十九件國會提出的虛擬資產相關法案調整而成。該法案主要在保護虛擬資產使用者的資產，包括客戶資金保管、受到駭客攻擊或程式錯誤時的保險理賠、交易紀錄保存等。除此之外，該法案也明令禁止不正當市場交易，並規定了違反時的罰則[67]。

2. 韓國《特別金融的使用和報備法案》（*Act on Reporting and Using Specified Financial Transaction Information, FTRA*）規定，境內所有的虛擬資產業者都必須在二〇二一年九月二十四日前向韓國金融情報分析院（KFIU）完成註冊，否則將被迫勒令停業[68]。

3. 根據韓國金融委員會（FSC）於二〇二三年九月發表的證券型代幣發行和流通指南草案，在符合《資本市場法》情況下，允許發行證券型代幣，並且證券型代幣將在韓國交易所開設的數位證券市場流通，證券型代幣根據《資本市場法》被當作「金融商品」，因此不能在非金融投資商的加密貨幣交易所進行交易[69]。

4. 韓國金融情報分析院於二〇一八年一月三十日正式發布《虛擬貨幣反洗錢指南》防止使用虛擬貨幣進行洗錢，提高虛擬貨幣交易的透明度，並於二〇一八年七月十日經金融服務委員會修訂後正式生效[70]。

5. 支付法制對於穩定幣的監管：

韓國中央銀行於二〇二二年十二月發布一份題為《與加密資產監管相關的關鍵問題和立法方向》的報告，韓國央行在報告中警告，穩定幣對金融穩定可能構成威脅，因為如果與法幣掛鉤的穩定幣成為廣泛的支付工具，可能會對國家的貨幣主權和政策構成破壞，因此認為穩定幣需要比其他數位資產實施更嚴格的監管。央行報告建議：(1)與外幣掛鉤的穩定幣必須遵守外匯法，而與該國法幣韓元掛鉤的穩定幣則屬於韓國央行的管轄範圍。(2)應要求穩定幣發行人的資本和儲備資產的最低門檻，最大限度地降低數位資產風險轉移到支付和結算系統的可能性[77]。

6. 韓國法院對虛擬資產的性質認定：韓國首爾高等法院在二〇二三年的判決指出，虛擬資產並非貨幣，不受到《利率限制法》和《消費信貸法》的最高利率限制（案號：2022 나 2041677）。

7. 稅務規定：

目前韓國尚未對虛擬貨幣的收益實施稅收，原本預期對於超過二百五十萬韓元（約一千九百美元）的加密貨幣，預計將徵收百分之二十的稅率，但這項計畫的實施也被延後至二〇二五年[72]。

8. 二〇一七年，韓國 FSC 認為 ICO 違反《資本市場法》，故全面禁止 ICO。

9. 韓國要求申報加密貨幣財產：韓國國會於二〇二三年五月通過《國會法律修正案》和《公職人員道德法修正案》，要求立法者和高級公職人員須財產申報加密貨幣[73]。

5. 台灣				
分類	監管指標	有無	評分	總分
監理框架	加密貨幣監理框架	○	1	12
	許可牌照制度	×	0	
	登記制度	○	2	
	證券型代幣制度	○	2	
	洗錢防制要求	○	3	
監理配套	法定貨幣	×	0	
	支付法制	×	0	
	法院司法	○	3	
	合理稅制	△	2	
	租稅優惠	×	0	
負面項目	禁止 ICO	×	0	
	禁止交易	×	0	
	其他（禁止信用卡買幣）	○	–1	

1. 金管會遵照行政院指示擔任「投資」或「支付」性質虛擬資產的主管機關，以加強國內對虛擬資產客戶之保護，並參考國際監理趨勢，以循序漸進方式加強管制，於二〇二三年九月發布「管理虛擬資產平台及交易業務事業（VASP）指導原則」。
   (1) 採聲明登記制依現行法規定並無許可牌照制度，但在最新台灣《虛擬資產管理條例》草案中新增許可牌照制度。
   (2) 依《洗錢防制法》第五條及《虛擬通貨平台及交易業務事業防制洗錢及打擊資恐辦法》第十七條，業者須完成洗錢防制法令遵循之聲明（登記制）[74]。
2. 台灣的《財團法人中華民國證券櫃檯買賣中心證券商經營自行買賣具證券性質之虛擬通貨業務管理辦法》規定，STO發行方限於我國非上市、上櫃、興櫃之股份有限公司，並且投資人限於《境外結構型商品管理規則》所定之「專業投資人」，並且投資人認購金額不得超過三十萬元。
3. 依《虛擬通貨平台及交易業務事業防制洗錢及打擊資恐辦法》之規定，業者須辦理確認客戶身分措施，對於疑似洗錢或資恐交易應申報並留存紀錄[75]。

4. 台灣支付法制對虛擬通貨的監管：依中央銀行法第十三條意旨，非屬中央銀行所發行者，均無法成為我國法定貨幣，故虛擬通貨在法律上無法視同貨幣。依電子票證發行管理條例第三條第二款及第四條電子票證發行機構之規定，非經主管機關許可經營電子票證業務之發行機構，即不得發行電子票證，虛擬通貨之發行單位若非經主管機關許可經營電子票證業務者，其所發行之虛擬通貨無法視同電子票證[76]。

5. 台灣法院對比特幣性質的認定：台南高等法院認為比特幣屬於「物」，且為可代替物，應依非金錢債權之強制執行中之「物之交付請求權之執行（§123～§126）」為強制執行（臺灣高等法院臺南分院一〇八年度抗字第一二三號裁定參照）[77]。

6. 自然人持有或買賣虛擬貨幣之所得，屬所得稅法第十四條一項第七類之「財產交易所得」，應併入綜合所得總額課徵綜合所得稅[78]。

7. 台灣禁止信用卡買幣及 VASP 業者代發行穩定幣：

(1) 金管會於二〇二二年七月發函銀行公會，要求各銀行在三個月內將「虛擬資產服務提供者或虛擬通貨平台」排除於信用卡特約商店及信用卡受款方之外。

(2) 依《管理虛擬資產平台及交易業務事業（VASP）指導原則》第三條第一項之規定，平台發行之虛擬資產以非穩定幣為限。

6. 歐盟

分類	監管指標	有無	評分	總分
監理框架	加密貨幣監理框架	○	3	17
	許可牌照制度	○	3	
	登記制度	×	0	
	證券型代幣制度	○	1	
	洗錢防制要求	○	3	
監理配套	法定貨幣	×	0	
	支付法制（穩定幣）	○	3	
	法院司法	○	3	
	合理稅制	○	2	
	租稅優惠	×	0	
負面項目	禁止發幣 ICO	×	0	
	禁止交易	×	0	
	其他（穩定幣利息）	○	–1	

1. 二〇二〇年九月歐洲議會提出加密資產市場監管法（*The Markets in Crypto Assets regulation bill, MiCA*）提案，旨在促進虛擬貨幣產業技術發展，確保金融穩定和消費者保護。二〇二三年五月歐盟經濟和金融事務委員會（Economic And Financial Affairs Council, ECOFIN）通過 MiCA 法案，為歐盟虛擬貨幣市場規範建立全面監管框架，並於二〇二四年逐步生效[79][80]。
2. 根據 MiCA 規定，VASP 僅能由法人提供，該法人必須註冊為歐盟境內實體，並向當地主管機關辦理取得牌照，且須遵守相關申報及營業限制等法令遵循義務[81]。
3. 歐盟 MiCA 目前沒有針對 STO 的監管，但證券性質的代幣仍然可能被涵蓋於歐盟現有金融服務法中金融市場工具指令（*Markets in Financial Instruments Directive, MiDIF*）下。
4. 基於防止虛擬貨幣被濫用於犯罪目的，二〇二二年六月二十九日歐洲議會及理事會就《資金移轉附帶資訊條例》（(EU) 2015/847，即 AMLD IV）的更新達成臨時協議，將虛擬貨幣納入該規則[82]。

5. MiCA 要求法幣支持的穩定幣需有一比一的流動儲備支持，其中 Asset-Referenced Token（ART）發行前須向當地監管機構的申請批准，獲批後要定期向監管機構回報交易客戶、交易金額、儲備金等資訊。
6. 歐盟法院對比特幣的認定：
   歐盟最高法院認定比特幣為一種貨幣（Skatteverket v David Hedqvist Case C-264/14），因此進行比特幣交易無須繳納加值稅（VAT）。
7. 稅收規定：
   在 MiCA 的框架下，歐盟各國同意交換公民持有的加密貨幣數據，以方便各國徵稅。
8. 禁止發放利息：
   MiCA 法案禁止加密資產服務商針對穩定幣發放利息。

7. 中國

分類	監管指標	有無	評分	總分
監理框架	加密貨幣監理框架	×（全面禁止）	0	–6
	許可牌照制度	×	0	
	登記制度	×	0	
	證券型代幣制度	×	0	
	洗錢防制要求	×	0	
監理配套	法定貨幣	×	0	
	支付法制（穩定幣）	×	0	
	法院司法	○	0	
	合理稅制	×	0	
	租稅優惠	×	0	
負面項目	禁止 ICO	○	–3	
	禁止交易	○	–2	
	其他（廣告、註冊名稱）	○	–1	

1. 中國有關虛擬貨幣挖礦的法院判決：
中國法院認定，因中國禁止挖礦，且與經濟社會高質量發展和碳中和目標相悖、與公共利益相悖，因此認定挖礦契約違反公序良俗而無效。

2. 二〇一七年九月四日，中國人民中央銀行發布《中國人民銀行中央網信辦工業和信息化部工商總局銀監會證監會保監會關於防範代幣發行融資風險的公告》，禁止發行 ICO[83]。

3. 依中國「人民銀行網信辦最高人民法院最高人民檢察院工業及資訊化部公安部市場監理總局銀保監會證監會外匯局」發布的《進一步防範和處置虛擬貨幣交易炒作風險的通知》（銀髮〔2021〕237號），虛擬貨幣不具有法償性，不能作為貨幣在市場上使用；虛擬貨幣相關業務活動屬於非法金融活動[84]。

4. 禁止宣傳加密貨幣：
任何行為主體投資虛擬貨幣或相關衍生品，違背公序良俗的相關民事法律行為無效，由此引發的損失由其自行承擔；網路平台不得為虛擬貨幣相關業務活動提供網路經營場所、商業展示、營銷宣傳、付費導流等服務；企業、個體工商戶註冊名稱和經營範圍中不得含有「虛擬貨幣」、「虛擬資產」、「加密貨幣」、「加密資產」等字樣或內容[85]。

8. 香港

分類	監管指標	有無	評分	總分
監理框架	加密貨幣監理框架	○	2	10
	許可牌照制度	○	2	
	登記制度	×	0	
	證券型代幣制度	○	1	
	洗錢防制要求	○	3	
監理配套	法定貨幣	×	0	
	支付法制（穩定幣）	×	0	
	法院司法	○	3	
	合理稅制	○	2	
	租稅優惠	×	0	
負面項目	禁止 ICO	×	0	
	禁止交易	△	–1	
	其他	○	–2	

1. 香港《打擊洗錢及恐怖分子資金籌集條例》下專為虛擬資產交易平台而設的全新發牌制度將於二〇二三年六月一日生效。在新的制度下，所有在香港經營虛擬資產服務或向香港投資者積極推廣其服務的虛擬資產交易平台，將需獲證券及期貨事務監察委員會發牌[86]。

2. 在香港，證券型代幣可能屬於《證券及期貨條例》下的「證券」，要發行或是銷售證券型代幣，需要根據《證券及期貨條例》就第一類受規管活動獲發牌或註冊[87]。

3. 根據《證券及期貨條例》及《打擊洗錢及恐怖分子資金籌集條例》，在香港經營業務或積極地向香港投資者推廣其服務的中央虛擬資產交易平台，均須獲證監會發牌並受其監管。

4. 香港對於穩定幣的監管：根據香港證監會發布的《有關適用於獲證券及期貨事務監察委員會發牌的虛擬資產交易平台營運者的建議監管規定的諮詢總結》，「穩定幣的監管安排預計將於二〇二三／二四年實施。」[88]。

5. 香港法院對加密貨幣的定性：

香港在 Re Gatecoin Limited (In Liquidation) [2023] HKCFI 914（Gatecoin

案）中，將加密貨幣定位香港法下之「財產」，法院用 Ainsworth 案奠定的四個標準來判斷，認定加密貨幣均構成「財產」。

6. 稅收規定：

在香港沒有資本利得稅，但如果是企業投資加密貨幣並有法幣結算獲利的話，則會被視為收入，因此需繳納所得稅[89]。

7. 禁止交易所提供穩定幣零售買賣：

根據香港證監會發布的《有關適用於獲證券及期貨事務監察委員會發牌的虛擬資產交易平台營運者的建議監管規定的諮詢總結》，穩定幣在受到規管前，不應被納入以供零售買賣。

8. 根據《虛擬資產交易平台指引》第 7.26 段，證監會不允許持牌虛擬資產交易平台提供如收益、存款及借貸等服務。

9. 薩爾瓦多

分類	監管指標	有無	評分	總分
監理框架	加密貨幣監理框架	○（數位資產服務法）	3	19
	許可牌照制度	○	3	
	登記制度	×	0	
	證券型代幣制度	×	0	
	洗錢防制要求	○	3	
監理配套	法定貨幣	○	3	
	支付法制（穩定幣）	○	3	
	法院司法	×	0	
	合理稅制	○	2	
	租稅優惠	○	2	
負面項目	禁止ICO	×	0	
	禁止交易	×	0	
	其他	×	0	

1. 薩爾瓦多在二〇二三年一月通過數位資產發行法，為數位資產建立全方位監理框架[90]。
2. 依數位資產發行法第十八條，成立數位資產服務提供者註冊處（註管單位），並由新成立之國家數位資產委員會（專責主管機構）管理，只有於薩爾瓦多國家數位資產委員會完成註冊許可後，才能提供數位資產等相關服務。
3. 依數位資產發行法第三條，符合定義的數位資產不被視為證券，因此關於證券的相關法律皆不適用。
4. 依數位資產發行法第二十一條，數位資產服務提供者應擁有預防、檢測和披露金融犯罪風險的系統，如洗錢和資助恐怖主義。
5. 薩爾瓦多訂立的《比特幣法》在二〇二一年九月七日正式生效，賦予比特幣法定貨幣地位，是全球第一個承認比特幣法幣地位的國家。
6. 對穩定幣監管：
依數位資產發行法第十二條，穩定幣發行者必須報告他們計畫在未來十二個月內發行的穩定幣的數量，並為該數量支付相應的費用。如果在十二個月結束時，發行量大於預測量，他們必須為未包括在最初預測中的穩定幣支付相應的費用。

7. 稅收規定：

依數位資產發行法第三六條，數位資產的發行人、正式註冊的數位資產服務提供者、認證人和數位資產的收購人以及數位資產的公開發行，皆免於任何關於數位資產的稅收。

8. ICO 規定：

依數位資產發行法第三十條，公開發行可由國家、財政部、中央儲備銀行、自治機構以及私人自然人和法人進行。

10. 巴西

分類	監管指標	有無	評分	總分
監理框架	加密貨幣監理框架	○	3	14
	許可牌照制度	○	3	
	登記制度	×	0	
	證券型代幣制度	○	1	
	洗錢防制要求	○	3	
監理配套	法定貨幣	×	0	
	支付法制（穩定幣）	×	0	
	法院司法	○	3	
	合理稅制	○	2	
	租稅優惠	×	0	
負面項目	禁止 ICO	×	0	
	禁止交易	×	0	
	其他	○	–1	

1. 巴西於二〇二二年年底通過《虛擬資產法案》，承認比特幣等加密貨幣為合法的支付手段與金融資產[91]。
2. 甫通過《虛擬資產法案》創建虛擬資產服務商許可證，包括交易所在內的相關業者都必須要在法律通過後的一百八十天內申請許可證[92]。
3. 巴西證券交易委員會在二〇二二年發布了一份指導文件，將虛擬資產分為三種類別，分別是支付型虛擬資產，功能型虛擬資產以及資產支持虛擬資產，其中最後一種根據虛擬資產本身的具體情況可能被認定具有證券性質，而虛擬資產一旦被視為證券，將受到巴西證券交易委員會的監管[93]。
4. 巴西對一九八六年六月十六日頒布的《國家金融系統犯罪法》和一九九八年三月三日頒布的《洗錢法》進行修改，將虛擬資產服務提供者納入相關規定的範圍內，並且透過虛擬資產洗錢將會受到比其他方式更嚴重的處罰[94]。
5. 巴西司法實務：
虛擬資產被巴西法院認定為具有經濟價值的財產，因此可以做為債權執行的對象，但也有法院持反對意見，在聖保羅勞動法院的一起案例中，法官拒絕了對一位債務人的虛擬資產進行查封的請求，理由是查封虛擬資產的請求無法實現，因為他認為這些資產是去中心化並且直接在人與人之間交換的[95]。

6. 稅收規定：

根據巴西聯邦儲備委員會在二〇二二年發布的聲明中，巴西的虛擬資產投資者，只要有「以一種虛擬資產購買另外一種虛擬資產的行為，即使沒有將虛擬資產換成法定幣，也需要繳納個人所得稅」，但只有交易超過三萬五千雷亞爾（巴西法定貨幣）的交易者才需要繳稅[96]。

7. 禁止以虛擬資產支付：

巴西的礦業監管機構 Agência Nacional de Mineração（AMN）發布的第一二九號決議規定，所有以《使用指南》、《採礦令》、《礦山報告書》和《淘金採礦許可證》作為採礦活動授權的企業，都不能以虛擬資產作為其活動的支付方式[97]。

11. 新加坡

分類	監管指標	有無	評分	總分
監理框架	加密貨幣監理框架	○	2	14
	許可牌照制度	○	3	
	登記制度	×	0	
	證券型代幣制度	○	1	
	洗錢防制要求	○	3	
監理配套	法定貨幣	×	0	
	支付法制（穩定幣）	○	2	
	法院司法	○	2	
	合理稅制	○	2	
	租稅優惠	×	0	
負面項目	禁止 ICO	×	0	
	禁止交易	×	0	
	其他（禁止廣告）	○	–1	

1. 新加坡加密貨幣的監管主要是由新加坡金融管理局（Monetary Authority of Singapore, MAS）進行，它是該國的中央銀行和金融監管機構。金融管理局通過《支付服務法案》（*Payment Services Act, PSA*）來監管加密貨幣，將其定義為數位支付代幣（Digital Payment Tokens, DPTs），這是一個廣泛的類別，包括那些可以電子方式轉移、存儲或交易的數位價值表示[98]。
2. 二〇二一年一月，新加坡通過《支付服務法修正案》，對「加密貨幣相關跨境支付服務」引入許可制度，相關業者須向金融管理局申請許可，才能合法營運[99]。
3. 新加坡金融管理局發布了《數位貨幣發行指引》，證券型代幣發行屬於新加坡證券暨期貨法（*Securities and Futures Act, SFA*）監管範圍，證券型代幣發行人將需要在公開發行前向金融管理局提交和註冊招股說明書，並且需要拿到資本市場服務牌照（Capital Market Service License）。
4. 新加坡二〇二〇年一月通過《支付服務法》，該法根據防制洗錢金融行動工作組織（FATF）的最新建議，規定加密貨幣相關業者必須遵守洗錢防制規定，因此將相關業者納管。

5. 支付法制對穩定幣的監管：

根據《支付服務法》的規定，穩定幣被視為數位支付代幣，並針對洗錢與打擊資恐進行監管。

6. 新加坡法院對加密貨幣的定性：

在二〇二二年三月的一起加密貨幣竊盜案判決中，新加坡高等法院承認加密貨幣為財產，並且要求存放被竊盜加密貨幣的交易所提供與被盜加密貨幣追蹤相關的資料，以協助司法機關追蹤這些資產。

7. 稅收規定：

由於新加坡政府不收資本利得稅，因此如果是基於投資目的持有加密貨幣則不需要納稅；如果是在業務過程中交易加密貨幣，則會被視為是收益，需要繳交所得稅；此外使用加密貨幣購買或出售產品的交易也是免稅的。

8. 禁止推廣加密貨幣：

新加坡金融管理局於二〇二二年一月十七日宣布，數位支付代幣業者不得向公眾推廣加密貨幣交易，因數位支付代幣價格波動劇烈，且受到投機活動影響，不適合一般大眾[100]。

排名	總分	其他負面項目	禁止交易	禁止 ICO	租稅優惠	合理稅制	法院司法	支付法制	法定貨幣	洗錢防制要求	證券型代幣制度	登記制度	許可牌照制度	加密貨幣監理框架	
1	19	0	0	0	2	2	0	3	3	3	0	0	3	3	薩爾瓦多
2	17	–1	0	0	0	2	3	3	0	3	1	0	3	3	歐盟
3	14	0	–1	0	0	2	2	2	0	3	1	0	3	2	日本
3	14	–1	0	0	0	2	3	0	0	3	1	0	3	3	巴西
3	14	–1	0	0	0	2	2	2	0	3	1	0	3	2	新加坡
6	12	–1	–2	0	0	2	3	1	0	3	0	0	3	3	美國紐約
6	12	–1	0	0	0	2	3	0	0	3	2	2	0	1	台灣
7	11	–2	0	0	0	2	2	3	0	3	1	2	0	0	美國聯邦
9	10	–2	–1	0	0	2	3	0	0	3	1	0	2	2	香港
10	9	–1	0	–3	0	2	1	0	0	3	1	0	3	3	韓國
11	–6	–1	–2	3	0	0	0	0	0	0	0	0	0	0	中國

資料來源

■第一章

1 https://academy.binance.com/zt/articles/what-is-lightning-network

2 https://bitcoin.org/files/bitcoin-paper/bitcoin_zh_cn.pdf

3 〈用十六張圖全面回顧比特幣的二〇二二年〉，https://www.blocktempo.com/a-comprehensive-review-of-bitcoin-2022-data/

4 〈閃電網路資源整理〉，https://github.com/cypherpunks-core/Lightning_network_resources_zh

5 本實例改寫自：Magomed Alie, Lightning network in depth, part 1: Payment channels

6 陳興，〈比特幣應當如何監管—比特幣資產系列研究之二〉，中泰證券，二〇二一年五月十六日，第一頁。

7 OCC , INTERPRETIVE LETTER #1174 (January 4, 2021) - Crypto 1 INVN Stablecoin Letter

8 OVDP: IRS Offshore Voluntary Disclosure New (2023) , https://www.goldinglawyers.com/ovdp-irs-offshore-voluntary-disclosure-rules-international-tax/

9 SEC, Spotlight on Initial Coin Offerings (ICOs), https://www.sec.gov/ICO (last visited: Feb. 16, 2023)

10 Practical Law Finance, US v. Zaslavskiy: Court Finds that US Securities Laws May Apply to ICOs, Thomson Reuters Practical Law, Sep. 20, 2018, https://reurl.cc/ZXOOvp (last visited: Feb. 16, 2023)

11 *Economic Report of the President*, 03, 2023, Together With The Annual Report of The Council of Economic Advisers.

12 Economic Report of the President, 03, 2023, page 239.

13 https://blog.chainalysis.com/reports/2022-global-crypto-adoption-index/

14 https://ccaf.io/cbeci/mining_map

15 *Crypto-assets – trends and implications*，2019/06，ECB Website https://www.ecb.europa.eu/paym/intro/mip-online/2019/html/1906_crypto_assets.en.html

■ 第二章

16 *Economic Report of the President*, 03, 2023, Together With The Annual Report of The Council of Economic Advisers, page 251-252.

17 Jason Paul Lowery, *Softwar: A Novel Theory on Power Projection and the National Strategic Significance of Bitcoin*, 2023

■ 第三章

18 張庭妤，〈識破 ICO 騙局，「拒當韭菜」教戰守則〉，https://www.bnext.com.tw/article/50799/howto-avoid-ico-scam

19 Spring 2020 Cryptocurrency Crime and Anti-Money Laundering Report
https://ciphertrace.com/spring-2020-cryptocurrency-anti-money-laundering-report/

20 區塊客，過去一年超過 1 億美元 NFT 被偷走!-每場騙局平均海撈 30 萬美元，2022 年 08 月 25 日，https://blockcast.it/2022/08/25/over-100-million-in-nfts-have-been-stolen- in-the-last-year/，最後瀏覽日：2022/11/02。

21 林紘宇，郭柏吟，探討元宇宙 NFT 遭濫用於犯罪之不法樣態。

22 https://zhuanlan.zhihu.com/p/40573965

23 https://www.banklesstimes.com/cryptocurrency/top-nft-rug-pulls/

24 FTX 后院起火 Binance 釜底抽薪。

25 *The 2023 Crypto Crime Report*, FEBRUARY 2023, CHAINALYSIS

26 *Crypto Crime Trends for 2022: Illicit Transaction Activity Reaches All-Time High in Value, All-Time Low in Share of All Cryptocurrency Activity* , JANUARY 6, 2022, CHAINALYSIS
https://blog.chainalysis.com/reports/2022-crypto-crime-report-introduction/

27 https://www.chainalysis.com/blog/2022-crypto-crime-report-introduction/

28 *Money Laundering*, United Nations Office on Drugs and Crime
https://www.unodc.org/unodc/en/money-laundering/overview.html

29 explorer.bitquery.io

30 〈台灣被捲入洗錢風險?-金融犯罪嫌疑者 iFinex，曾是七家本土銀行客戶〉，https://www.cw.com.tw/article/5101992

■ 第四章

31 Let’s Connect to TOR-All about VPN & Privacy, and Anonymity
https://jaydev-joshi-blog.medium.com/lets-connect-to-tor-8fd1dd3171e3

32 DNS on Blockchain: the next evolution of domain names?
https://blog.nameshield.com/blog/2020/04/08/dns-on-blockchain-the-next-evolution-of-domain-names/

33 https://cointelegraph.com/news/namecoin

34 ENS 幣是什麼?‧ENS 域名有什麼功能?——項目與交易數據分析
https://www.grenade.tw/blog/what-ens-domain-token/

35 https://twitter.com/vitalikbuterin

36 https://medium.com/@brantly.eth/full-dns-namespace-integration-to-ens-now-on-mainnet-9d37270807d3

37 以太坊域名服務（ENS）的註冊量以驚人的速度突破之前所創下的紀錄，達到 200 萬的戰績，
https://smartrichs.com/ethereum-domain-name-service-registrations-hit-2-million-this-month/

38 The Handshake Browser Reference Client-- Introducing "HandyBrowser"
https://amentum.substack.com/p/the-handshake-browser-reference-client

39 Access Handshake names-A walkthrough for resolving Handshake domains
https://learn.namebase.io/starting-from-zero/how-to-access-handshake-sites

40 Opera to integrate Handshake for blockchain-based, decentralized domain naming

https://blogs.opera.com/news/2021/12/opera-handshake-hns-partnership/

41 https://www.namebase.io/stats

42 Developer Documentation

43 https://unstoppabledomains.com/zh-cn/apps

44 推特 @unstoppableweb

■ 第五章

45 https://www.michael.com/

46 https://bitcoin.org/bitcoin.pdf

■ 加密法律：世界加密貨幣監管動態

47 美國 MSB 牌照是什麼？如何查詢 MSB 牌照？認識虛擬貨幣監管牌照，https://www.fxtw168.com/news/msb/

48 提升 STO 融資便利性！美國 SEC 放寬「證券豁免發行」限制，https://blockcast.it/2020/11/03/sec-improves-patchwork-exempt-offering-framework/

49 Rule 504 of Regulation D，https://www.investor.gov/introduction-investing/investing-basics/glossary/rule-504-regulation-d

50 https://www.fincen.gov/sites/default/files/2019-05/FinCEN%20Guidance%20CVC%20FINAL%20508.pdf.

51 House Financial Services Committee Stablecoin Bill Discussion Draft，https://www.scribd.com/document/640486679/House-Financial-Services-Committee-Stablecoin-Bill-Discussion-Draft#download&from_embed

52 美國政府從執法行動中沒收了大量的比特幣庫存，背後的動向如何運作?，https://zombit.info/government-stockpile-bitcoin-seize/#%E5%8A%A0%E5%AF%86%E8%B2%A8%E5%B9%A3%E6%89%A3%E6%8A%BC%E9%81%8E%E7%A8%8B

53 SEC Files 13 Charges Against Binance Entities and Founder Changpeng Zhao，https://www.sec.gov/news/press-release/2023-101

54 SEC Charges Coinbase for Operating as an Unregistered Securities Exchange, Broker, and Clearing Agency，https://www.sec.gov/news/press-release/2023-102

55 重磅！SBF「裁決有罪」陪審團決議詐騙，洗錢……七項罪名全部成立，https://www.blocktempo.com/sbf-rules-guilty/

56 美國 SEC 正式通過十一檔比特幣現貨 ETF 公文
https://www.sec.gov/files/rules/sro/nysearca/2024/34-99306.pdf

57 https://www.dfs.ny.gov/industry_guidance/industry_letters/il20220608_issuance_stablecoins

58 Judgment Enforcement in the New Age of Digital Assets，https://www.law.com/newyorklawjournal/2022/12/09/judgment-enforcement-in-the-new-age-of-digital-assets/?slreturn=20230502025304

59 Cryptocurrency and state legislation: the current state of crypto state taxes in 2023，https://www.wolterskluwer.com/en/expert-insights/cryptocurrency-and-state-legislation-the-current-state-of-crypto-state-taxes-in-2023#new-york。

60 https://www.dfs.ny.gov/virtual_currency_businesses

61 New York bans new crypto mining power plants—for now，https://fortune.com/2022/11/23/new-york-bans-new-crypto-mining-power-plants-2-years/

62 六月一日施行の改正資金決済法で国内ステーブルコイン発行可能に、多国籍企業にメリットも https://coinpost.jp/?p=464215

63 https://elaws.e-gov.go.jp/document?lawid=421AC0000000059

64 日本首次虛擬貨幣沒收命令！交易所 Coincheck 遭駭後續，男子吐回 480 萬日圓，https://abmedia.io/japan-first-crypto-confiscate-order

65 沒出售加密貨幣也要被課稅！日本稅制讓業者「失望離去」，https://blockcast.it/2021/12/24/japans-corporate-tax-policy-has-driven-crypto-projects-move-to-other-countries/

66 仮想通貨で一斉税務調査 14 億円申告漏れ、グレー節税も https://www.nikkei.com/article/DGXZQOUC265U10W1A820C2000000/

67 국회 정무위，가상자산 이용자 보호 및 불공정거래행위 규제를 위한「가상자산 이용자 보호 등에 관한 법률안」등 의결，https://www.assembly.go.kr/portal/bbs/B0000051/view.do?nttId=2294276&menuNo=600101&pageUnit=10&searchDtGbn=c0&sdate=&edate=&cl1Cd=&searchCnd=1&searchWrd=&pageIndex=170

68 KoFIU Notifies Foreign VASPs of Their Obligation to Register，https://www.fsc.go.kr/eng/pr010101/76279

69 토큰 증권 (Security Token) 발행 · 유통 규율체계 정비방안 - 자본시장법 규율 내에서 STO를 허용하겠습니다.，https://www.fsc.go.kr/no010101/79386?srchCtgry=&curPage=&srchKey=&srchText=&srchBeginDt=&srchEndDt=

70 Revision to Virtual Currency Anti-Money Laundering Guidelines，https://www.fsc.go.kr/eng/pr010101/22183

71 https://www.bok.or.kr/eng/bbs/E0000737/view.do?nttId=10076202&menuNo=400042&pageIndex=1

72 https://law.asia/zh-hans/comparison-tax-laws-south-korea/

73 정치개혁특별위원회，의원 이해충돌 방지를 위한 국회법 개정안 의결，https://www.assembly.go.kr/portal/bbs/B0000051/view.do?nttId=2313461&menuNo=600101&pageUnit=10&searchDtGbn=c0&sdate=&edate=&cl1Cd=&searchCnd=1&searchWrd=%EA%B5%AD%ED%9A%8C%EB%B2%95+%EA%B0%9C%EC%A0%95%EC%95%88&pageIndex=1

74 金管會擔任具金融投資或支付性質之虛擬資產平台主管機關之推動規劃，https://www.fsc.gov.tw/ch/home.jsp?id=96&parentpath=0,2&mcustomize=news_view.jsp&dataserno=202303300001&toolsflag=Y&dtable=News

75 發布金融監督管理委員會「管理虛擬資產平台及交易業務事業（VASP）指導原則」，https://www.fsc.gov.tw/ch/home.jsp?id=96&parentpath=0,2&mcustomize=news_view.jsp&dataserno=202309260005&dtable=News

76 虛擬貨幣相關問題研析，https://www.ly.gov.tw/Pages/Detail.aspx?nodeid=6590&pid=218911

77 https://judgment.judicial.gov.tw/FJUD/Default_AD.aspx

78 信用卡買幣將受阻?‧台灣金管會發函銀行公會：虛擬資產服務者不得為收款人 https://abmedia.io/20220722-taiwan-sec-ban-credit-card-purchase-crypto

79 Digital finance: Council adopts new rules on markets in crypto-assets (MiCA)，https://www.consilium.europa.eu/en/press/press-releases/2023/05/16/digital-finance-council-adopts-new-rules-on-markets-in-crypto-assets-mica/

80 2 EU officials sign Markets in Crypto-Assets framework into law，https://cointelegraph.com/news/eu-officials-sign-markets-in-crypto-assets-framework-into-law

81 https://eur-lex.europa.eu/eli/reg/2023/1114/oj

82 https://eur-lex.europa.eu/legal-content/EN/TXT/?uri=celex%3A32015R0847

83 中國人民銀行中央網信辦工業與資訊化部工商總局銀監會證監會保監會關於防範代幣發行融資風險的公告，http://www.pbc.gov.cn/goutongjiaoliu/113456/113469/3374222/index.html

84 中國人民銀行中央網信辦最高人民法院最高人民檢察院工業及資訊化部公安部市場監理總局銀保監會證監會外匯局關於進一步防範及處置虛擬貨幣交易炒作風險的通知（銀發〔2021〕237 號），http://www.pbc.gov.cn/tiaofasi/144941/3581332/4348658/index.html

85 人民銀行相關負責人就《關於進一步防範和處置虛擬貨幣交易炒作風險的通知》答記者問 http://www.pbc.gov.cn/goutongjiaoliu/113456/113469/4348556/index.html

86 https://apps.sfc.hk/edistributionWeb/gateway/TC/circular/intermediaries/licensing/doc?refNo=23EC2

87 有關中介人從事代幣化證券相關活動的通函，https://apps.sfc.hk/edistributionWeb/gateway/TC/circular/doc?refNo=23EC52

88 https://www.sfc.hk/TC/Welcome-to-the-Fintech-Contact-Point/Virtual-assets/Virtual-asset-trading-platforms-operators

89 全球加密貨幣稅務法規，https://www.hkwj-taxlaw.hk/%E5%85%A8%E7%90%83%E5%8A%A0%E5%AF%86%E8%B2%A8%E5%B9%A3%E7%A8%85%E5%8B%99%E6%B3%95%E8%A6%8F/?lang=zh-hant

90 Tax implications of law relating to issuance of digital assets，https://www.taxathand.com/article/30130/El-Salvador/2023/Tax-implications-of-law-relating-to-issuance-of-digital-assets

91 https://www.in.gov.br/en/web/dou/-/decreto-n-11.563-de-13-de-junho-de-2023-489700506

92 Brazil's President Signs Crypto Regulations Into Law，https://www.coindesk.com/policy/2022/12/22/brazils-president-signs-crypto-regulations-into-law/

93 https://conteudo.cvm.gov.br/legislacao/pareceres-orientacao/pare040.html

94 https://www.camara.leg.br/proposicoesWeb/fichadetramitacao?idProposicao=1555470&fichaAmigavel=nao

95 Decisões judiciais sobre penhoras de criptoativos，https://pt.linkedin.com/pulse/decis%C3%B5es-judiciais-sobre-penhoras-de-criptoativos-elvis-davantel?trk=pulse-article_more-articles_related-content-card

96 https://www.in.gov.br/en/web/dou/-/solucao-de-consulta-n-6.007-de-19-de-maio-de-2022-402110456

97 https://www.in.gov.br/en/web/dou/-/resolucao-anm-n-129-de-23-de-fevereiro-de-2023-466161676

98 Payment Services Act Comes Into Force，https://www.mas.gov.sg/news/media-releases/2020/payment-services-act-comes-into-force

99 "Payment Services (Amendment) Bill" - Second Reading Speech by Mr Ong Ye Kung, Minister for Transport, on behalf of Mr Tharman Shanmugaratnam, Senior Minister and Minister-in-charge of the Monetary Authority of Singapore, on 4 January 2021 - https://www.mas.gov.sg/news/speeches/2021/payment-services-amendment-bill

100 MAS Issues Guidelines to Discourage Cryptocurrency Trading by General Public - https://www.mas.gov.sg/news/media-releases/2022/mas-issues-guidelines-to-discourage-cryptocurrency-trading-by-general-public

加密法律——幣圈律師的真摯告白

作　　者　林紘宇（果殼）
出 版 者　一品文化出版社
總 編 輯　鄧彩華
責任編輯　柏竣耀、巫芷紜
責任排版　許惠真
封面設計　林毓庭

總 經 銷　志光保成科技股份有限公司
客服專線　02-2388-0103
社　　址　台南市北區成功路 114 號 9 樓之 1
台北經銷　台北市中正區開封街 1 段 12 號
　　　　　台北市中正區重慶南路 1 段 11 號

出版日期　中華民國 113 年 1 月　初版一刷
定　　價　新台幣 400 元
ISBN　978-626-97259-6-0

法律顧問　稜玉法律事務所 黃郁婷律師
地　　址　台南市中西區民族路二段 305 號 11 樓
電　　話　06-221-0883（法律諮詢）

※本書若有缺損，請於當年度寄回以下聯合發書中心更換，寄書前請先來電，電話：06-265-0818
聯合發書中心：702 台南市南區夏林路 310 巷 2 號

國家圖書館出版品預行編目 (CIP) 資料

加密法律：幣圈律師的真摯告白／林紘宇編 . -- 一版 . -- 臺北市：一品文化出版社 , 民 113.01
面；　公分
ISBN 978-626-97259-6-0（平裝）
1.CST: 電子貨幣 2.CST: 貨幣法規 3.CST: 比較研究
563.146　　112021175